SUPPLY CHAIN MANAGEMENT

供应链管理

主 编　刘　宇　李少蓉

ZHEJIANG UNIVERSITY PRESS
浙江大学出版社
·杭州·

图书在版编目(CIP)数据

供应链管理 / 刘宇，李少蓉主编. — 杭州 ：浙江
大学出版社，2024.5
ISBN 978-7-308-24611-8

Ⅰ．①供… Ⅱ．①刘… ②李… Ⅲ．①供应链管理—
研究 Ⅳ．①F252.1

中国国家版本馆 CIP 数据核字(2024)第 032561 号

供应链管理
GONGYINGLIAN GUANLI
主编　刘　宇　李少蓉

责任编辑	吴昌雷
责任校对	王　波
封面设计	北京春天
出版发行	浙江大学出版社
	（杭州市天目山路 148 号　邮政编码 310007）
	（网址：http://www.zjupress.com）
排　　版	杭州晨特广告有限公司
印　　刷	杭州捷派印务有限公司
开　　本	787mm×1092mm　1/16
印　　张	12.5
字　　数	297 千
版 印 次	2024 年 5 月第 1 版　2024 年 5 月第 1 次印刷
书　　号	ISBN 978-7-308-24611-8
定　　价	39.00 元

前　言

市场竞争的主体已经从单个企业转变为以核心企业为中心的供应链,同时,中国的供应链管理理论和实践也取得了较大的发展。

习近平总书记在党的二十大报告中两次提到供应链:"我们要坚持以推动高质量发展为主题,把实施扩大内需战略同深化供给侧结构性改革有机结合起来,增强国内大循环内生动力和可靠性,提升国际循环质量和水平,加快建设现代化经济体系,着力提高全要素生产率,着力提升产业链供应链韧性和安全水平,着力推进城乡融合和区域协调发展,推动经济实现质的有效提升和量的合理增长。""我们要健全国家安全体系,完善高效权威的国家安全领导体制,完善国家安全法治体系、战略体系、政策体系、风险监测预警体系、国家应急管理体系,构建全域联动、立体高效的国家安全防护体系。增强维护国家安全能力,坚定维护国家政权安全、制度安全、意识形态安全,确保粮食、能源资源、重要产业链供应链安全,维护我国公民、法人在海外合法权益,筑牢国家安全人民防线。"[①]不难看出,供应链无论是对于经济高质量发展还是国家安全都具有重要的战略意义。

本教材是江西理工大学教材建设项目,在编写的过程中参考了国内外有关教材,经过集体讨论,形成了目前的结构,内容如下:第一章包括供应链管理思想的诞生、供应链模型及类型、供应链管理的内容及趋势、供应链管理战略,

---

① 习近平:高举中国特色社会主义伟大旗帜 为全面建设社会主义现代化国家而团结奋斗——在中国共产党第二十次全国代表大会上的报告[EB/OL].(2022-10-25)[2023-7-11].https://baijiahac. baidu.com/s? id=1747666968337407608&wfr=spider&for=pc.

第二章到第五章为供应链整体运行情况,第六章到第九章为供应链管理环境下的采购管理、生产计划与控制、库存控制、物流管理,第十章为供应链管理的组织运行管理,第十一章和十二章为供应链管理的新发展,即供应链金融和智慧供应链。

本教材适用于大学本科生或研究生阅读,旨在方便阅读者系统掌握供应链思想的诞生、供应链管理之前需准备的条件、供应链的具体职能模块管理等知识。为了方便大家更好地理解理论知识和供应链管理实践,每一章配有导入案例和章节讨论案例。本教材配有完整的线上课程资源,在每一节的后面扫描二维码可以通过爱课程平台学习课程资源。课程资源包括教师线上课程讲解视频、配套的 PPT、章节测试题、章节讨论题、期中考试和期末考试试题库等,方便大家利用碎片时间来巩固所学知识。本教材配套的线上课程资源已获批江西省线上一流课程、江西省协同育人共享课程、江西省线上线下混合式一流课程,该课程已获得第一届、第二届、第三届、第四届全国供应链大赛国家级奖项 8 项,链战风云智慧供应链大赛国家级奖项 10 项,供应链职业技能大赛国家级奖项 4 项,国际供应链建模大赛国家级奖项 1 项。

在本教材编写的过程中,编者广泛地听取了高校教师和学生的意见和建议。

本教材由刘宇主持编写,李少蓉任副主编。第一章到第六章由刘宇编写,第七章到第十二章由李少蓉编写。在编写的过程中,黄玉桂、张思宇、杨文轩、王汉坤、赵玉凤、蒙渝杭同学参与了案例的收集和整理,黄志博、严世龙、漆如逸、杨世兴、杨文辉、文素珍、崔术云、王颖、林佳倩同学参与了书稿的编写和整理。感谢编写团队付出的努力,感谢浙江大学出版社吴昌雷编辑的细心指导,感谢所有对本书有贡献的学者们,恕不一一列出,谢谢你们。

编者

2023 年 11 月

CONTENTS ·········· 目录

第一章　供应链管理导论　/ 1

第一节　供应链管理思想的诞生　/ 4

第二节　供应链模型及类型　/ 8

第三节　供应链管理的内容及趋势　/ 11

第四节　供应链管理战略　/ 13

第二章　供应链管理体系与集成化运行机制　/ 17

第一节　供应链管理体系的构成　/ 19

第二节　集成化供应链管理　/ 24

第三章　供应链的构建与优化　/ 31

第一节　供应链构建的体系框架　/ 33

第二节　供应链构建的设计和优化流程　/ 37

第四章　供应链运作的协调问题　/ 47

第一节　供应链运行中的不协调问题　/ 49

第二节　提高供应链运行协调性的办法　/ 54

第三节　促进供应链运行协调性的激励机制　/ 56

第五章　供应链合作伙伴关系管理　/ 65

第一节　供应链战略合作伙伴关系的价值　/ 67

第二节　供应链战略合作伙伴的选择　/ 72

第三节　供应链战略合作伙伴关系管理　/ 78

第六章　供应链管理环境下的采购管理　/ 83

第一节　传统采购模式及问题　/ 86

第二节　供应链管理环境下的采购　　/ 87

第三节　准时化采购策略　　/ 90

第七章　供应链管理环境下的生产计划与控制　　/ 97

第一节　传统生产计划与控制　　/ 100

第二节　供应链管理环境下的生产计划与控制　　/ 103

第三节　合作计划、预测和补货　　/ 108

第四节　大批量定制和延迟制造　　/ 111

第八章　供应链管理环境下的库存控制　　/ 117

第一节　传统库存控制方法及问题　　/ 120

第二节　供应商管理库存　　/ 124

第三节　联合管理库存　　/ 126

第九章　供应链管理环境下的物流管理　　/ 133

第一节　供应链物流战略管理　　/ 136

第二节　供应链中的企业物流管理　　/ 140

第三节　物流自营和外包决策　　/ 143

第十章　供应链管理的组织运行管理　　/ 151

第一节　供应链环境下的组织运行系统　　/ 154

第二节　供应链风险管理　　/ 158

第十一章　供应链金融　　/ 169

第一节　供应链金融的基础知识　　/ 171

第二节　供应链金融的基本范式　　/ 174

第十二章　智慧供应链　　/ 181

第一节　智慧供应链概述　　/ 183

第二节　智慧供应链的关键要素和能力　　/ 186

第三节　智慧供应链的运营目标　　/ 187

CHAPTER ①

第一章

供应链管理导论

学习目标:

通过本章的学习,使学生了解供应链产生的背景,掌握供应链及供应链管理的概念,认识供应链的类型及结构模型,了解供应链管理的优势,理解供应链管理与物流管理的关系。

知识目标:

(1)了解企业进行供应链管理的原因及意义。

(2)了解供应链的概念、特征及分类;理解供应链的结构形态。

(3)掌握供应链管理的概念和核心理念;了解供应链管理的未来发展趋势。

能力目标:

(1)绘制供应链的结构示意图;分析并解决供应链中存在的实际问题。

(2)分析某企业供应链管理的模式;解决企业在供应链管理中存在的问题。

素养目标:

(1)培养创新意识和创新精神。

(2)培养积极面对问题和解决问题的能力。

知识结构思维导图

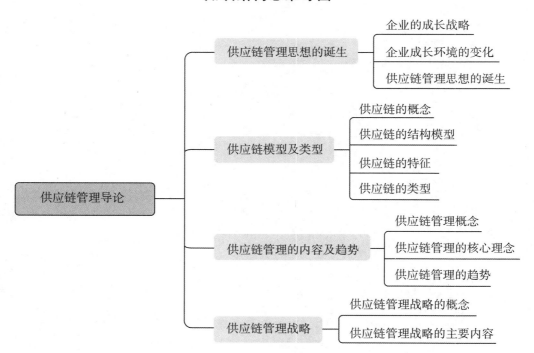

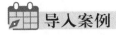**导入案例** -

供应链管理的诞生

20世纪70年代末,随着企业经营环境的变化,传统的企业经营管理模式也随之发生转变,从以企业自身运作为基础向企业内部运作与把控上下游企业并重转变。在这个过程中,管理界对管理理论与实践不断摸索、不断总结,催生了供应链管理理论的形成。

促成供应链管理理论产生的第一个原因是企业传统采购管理模式的变化。随着世界工业化技术的进步,全球一体化的形成,企业从控制原材料、零配件、产成品到销售的整个过程的生产管理"大而全"纵向一体化,转向抓核心竞争力业务的"纵向合作"管理模式。企业总制造成本中采购成本所占比重越来越大,采购物料对企业产品的质量和交货期等因素的影响也越来越大,采购管理在企业中的作用发生了变化,即企业与原材料或零部件的供应商不仅仅是"买"与"卖"的关系,而要求双方在信息、技术、资金等方面更多的互动。学者在研究管理理论时,首先把目光集中在日本企业与供应商的关系上。20世纪80年代初期,日本企业以汽车、家电、半导体、机床等产品的高质量、低价格风靡全球,使以美国为主的其他各国的企业受到严重威胁。美国企业界和管理学界大力研究日本企业崛起的奥秘,研究的内容之一就是日本企业与供应商的关系。经过一系列的研究,1990年美国麻省理工学院(MIT)的研究小组发表了《改变了世界的机器》一文,全面总结了日本经营管理方式的特点,即日本竞争力强的原因之一就是其独特的供应商管理。至此管理学中的采购管理已显出供应链管理的特点:企业与其原材料或零部件供应商的关系从买卖关系变成一种更加紧密的合作关系,这种合作关系首先体现为与供应商的长期合作关系和精简的供应商数量,其次是供应商逐步参与客户产品开发的早期阶段工作,最后是与供应商在计划、生产、质量、成本等方面进行信息沟通、互助,合作关系进一步发展甚至在资金上互相支持、战略上相互支撑。

快速反应(quick response,QR)、有效反应(efficient consumer response,ECR)的发展促使流通配送领域的大变革,构成了供应链管理产生的另一个原因。1985年,受服装界团体的委托,美国流通领域咨询公司 KSA 提出了关于 QR 的报告,报告分析了当时美国服装界的状况:从纺织面料用的原毛到最后销售出去,整个供应链的周期是66周,其中制造、加工等增加价值的活动为11周,库存停滞在供应链某一环节的时间为55周。报告指出,现有的供应链每个环节的效率可能不低,但是整个供应链的效率极其低下。报告还提出用供应链管理的观点对整个供应链进行重新集成,整个周期可能缩短到21周。报告指出,多于48周的商品压库、滞销在当时服装界的损失高达250亿美元。该报告发表后,企业通过有意识的改进,销售额增加了30%～60%,库存周转率改善了30%～90%。QR的基本思想是将原有的以制造为主导的"推动"方式变为消费者主导的"拉动"方式。在"推动"方式下,制造商通常是根据自己的情报和判断来预测需求,制订生产计划,然后把产品"推向"市场。但在买方市场,由于消费者要求的变化速度越来越快,"推动"产品上市的结果一是产品可能卖不出去,造成积压;二是消费者想买的东西可能没有,造成机会损失。"拉动"方式以消费者为出发点,来制订供应链的生产计划、库存管理和采购管理,大大地提高了市场响应速度,这种由"推"向"拉"转变的思想,构成了支撑供应链管理产生的一个重要原因。

ECR 是 KSA 公司在对美国食品零售业现状调查的基础上,于 1993 年提出的新系统,其基本思想与 QR 类似。KSA 公司根据食品行业特点,提出了 4 个应对变革的领域——高效的食品搭配、高效的商品补充、高效的促销活动以及高效的新商品开发,并提出了实现 ECR 需要的 4 种技术——营销技术、物流技术、信息技术、组织技术。这 4 种技术,包括软件、硬件,实际上概括了供应链管理需要的技术。

资料来源:何吉涛,秦延奎,朱王奇,等.供应链管理:理论、难点与案例[M].北京:人民邮电出版社,2013.

思考:根据上述材料,谈谈供应链思想出现的具体原因,说明供应链管理的优点。

第一节　供应链管理思想的诞生

一、企业的成长战略

企业设计成长战略的思路主要为以下三点:首先,在现有业务范围内寻找进一步发展的机会;然后,分析建立和从事某些与目前业务有关的新业务的可能性;最后,考虑开发与目前业务无关,但是有较强吸引力的业务。

结合设计思路,在企业发展的过程中有三种战略可供选择,它们是密集成长战略、一体化成长战略和多元化成长战略。其中密集成长战略和多元化成长战略主要涉及企业内部的产品与外部的市场等资源的组合,而一体化成长战略则涉及与其他企业的合作。

(一)密集成长战略

根据思路一,在现有业务范围内寻找进一步发展的机会,也就是密集成长战略。可以从"产品"和"市场"两个维度,"原有"和"新"两个类别,形成四个象限。密集成长战略示意图见图 1-1。在原有市场上销售原有产品,是市场渗透策略。在原有市场上销售新产品,是产品开发策略。将原有产品销往新市场是市场开发策略。将新产品销往新市场是多元化策略。

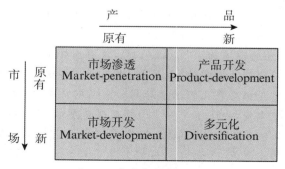

图 1-1　密集成长战略示意

(二)一体化成长战略

根据思路二,分析建立和从事某些与目前业务有关的新业务的可能性,这是一体化成长战略。一体化成长战略分为水平一体化和纵向一体化战略,其中水平一体化战略是指企业之间的兼并重组,而纵向一体化战略是指制造企业从事上游的分销业务和下游的零部件供应业务,从而达到拓展其业务的目的。这里有个规则,即以靠近消费者的方位为前,因此,拓展与分销的相关业务为前向一体化战略,拓展与零部件供应相关业务为后向一体化战略。一体化成长战略示意图见图1-2。

在二战结束后,各国恢复经济建设,当时,全球各类制造企业数量有限,制造企业为了正常运营,需要对供应商和分销商进行有效的控制,于是开始涉及零部件生产和成品分销等业务,最典型的代表是美国福特汽车公司。在20世纪20—30年代,福特公司的纵向一体化达到鼎盛时期,为了生产轮胎其甚至拥有自己的橡胶园。因此,不难发现,企业纵向一体化成长的主要原因是为了占有制造资源和控制生产过程。

但是,企业在纵向一体化发展的过程中,慢慢暴露出一些问题,如增加了企业投资负担、迫使企业从事不擅长的业务活动、在每个业务领域都直接面临众多竞争对手等。于是,企业为进一步提升运营效率和培养核心竞争优势,开始把以前拓展的前向的分销业务和后向的供应业务逐步剥离出去,于是,纵向一体化出现了解体。这是供应链思想诞生的第一个条件,企业需要从事自己擅长的业务,从而培养自己的核心竞争优势。

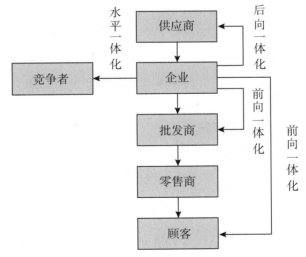

图 1-2　一体化成长战略示意

(三)多元化成长战略

根据思路三,考虑开发与目前业务无关,但却有较强吸引力的业务,这是多元化成长战略。可以从"技术"和"市场"两个维度,从"现有"和"新"两个类别,划分为四个象限。多元化成长战略示意图见图1-3。利用现有技术去开发新的市场,是技术同心多元化。如生产冰箱的企业,利用已有的制冷技术,去开发空调产品,满足消费者需求。应用新技术去满足同一类消费群体的需求,是市场同心多元化,如李宁生产运动服装满足年轻群体的运动需求,后又采用新技术生产球拍来满足同一年轻消费群体的需求。用新的技术开发新产品去满足新市场中消费者的需求,是综合多元化,如 GE 公司在原有航空发动机产品的基础上,应用新技术开发医疗器械新产品,去满足医院等客户的需求。

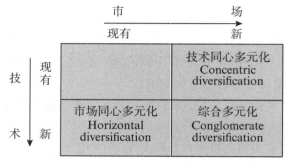

图 1-3　多元化成长战略示意

二、企业成长环境的变化

自 20 世纪 80 年代以来,在全球经济、网络经济、信息经济和知识经济日益发展的背景下,企业的经营环境正从过去相对稳定、可预测的静态环境转向日益复杂多变和充满不确定性的动态环境,企业面临的外部环境出现了如下变化。

(一)信息爆炸的压力

大量信息的飞速产生和通信技术的发展,迫使企业把工作重心从如何迅速获得信息转到如何准确地过滤和有效利用各种信息。

(二)技术进步越来越快

新技术、新产品的不断涌现,一方面使企业受到前所未有的压力,另一方面也使每个企业员工受到巨大的挑战。

(三)高新技术的使用范围越来越广

互联网使得所有的信息都极易获得,敏捷的教育体系使越来越多的人能在越来越少的时间内掌握最新技术。因此,在面对一个机遇时,可以参与竞争的企业越来越多,大大加剧了竞争的激烈性。

(四)产品研发的难度越来越大

越来越多的企业认识到新产品开发对企业创造收益的重要性,但是产品研发难度越来越大,被模仿和超越却更容易,产品的生命周期相对缩短。

(五)市场竞争全球化

发展中国家通过承揽发达国家的订单学习了新技术,努力成为国际市场上的供应商。领先企业在建立全球化市场的同时,也在全球范围内造就了更多的竞争者。

(六)全球性技术支持和售后服务

赢得用户信赖是企业保持竞争力的重要因素之一。赢得客户不仅要靠产品质量,而且要靠售后技术支持和服务。

(七)客户的需求越来越苛刻

消费者的价值观发生了显著变化,需求结构普遍向高层次发展。这主要体现在三个方面,一是对产品的规格、花色的需求呈现多样化、个性化特点;二是对产品的功能、质量和可靠性的需求日益提高;三是要求在满足个性化需求的同时,产品的价格要像大批量生产的那样低廉。

(八)可持续发展的要求

在全球制造和国际化经营趋势越来越明显的今天,各国政府将环保问题纳入发展战略,相继制定出各种各样的政策法规,以约束本国及外国企业的经营行为。随着发展中国家工业化程度的提高,如何在全球范围内减少自然资源的消耗,成为全人类可持续发展的大问题。

三、供应链管理思想的诞生

(一)传统管理模式存在的弊端

传统的管理模式是"纵向一体化"的管理模式。在20世纪40年代到60年代,企业处于相对稳定的市场环境中,这时"纵向一体化"模式是有效的。但是20世纪80年代后,在科技迅速发展、全球竞争日益激烈、顾客需求不断变化的形势下,"纵向一体化"模式则暴露出种种弊端,其主要体现在以下几个方面。

1. 增加企业投资负担

不管是投资建新的工厂,还是用于其他公司的控股,都需要企业自己筹集必要的资金。这一工作给企业造成诸多不便。

2. 承担丧失市场时机的风险

对于某些新建项目来说,由于有一定的建设周期,往往会出现项目建成之日,也就是项目下马之时的现象,市场机会早已在项目建设过程中逝去。

3. 分散企业的精力

"纵向一体化"管理模式的企业实际上是"大而全""小而全",包括研发、计划、财务、会计、生产、人事、信息管理、设备维修等业务工作,管理人员花费过多的时间、精力去从事辅助性的管理工作,导致少有精力去经营关键性业务。

4. 面临众多竞争对手

采用"纵向一体化"管理模式的企业存在的另一个问题,是它必须在不同业务领域直接与不同的对手进行竞争。

5. 加大经营风险

如果整个行业不景气,采用"纵向一体化"模式的企业不仅会在最终客户市场遭受损失,而且还会在各个纵向发展的市场遭受损失。

(二)供应链管理模式的产生

鉴于"纵向一体化"管理模式的种种弊端,从20世纪80年代后期开始,国际上越来越多的企业放弃了这种经营模式,随之而来的是"纵向合作"模式的兴起。"纵向合作"就是利用企业外部资源快速响应市场需求,只抓企业发展中最核心的东西——产品研发和品牌运营。"纵向合作"形成了一条从供应商到制造商再到分销商的贯穿于所有企业的"链"。由于相邻节点企业表现出一种供应—需求的关系,若把所有相邻企业依次连接起来,便形成了供应链。这条链上的节点企业必须达到同步、协调运行,才有可能使链上的所有企业都受益。于是便产生了供应链管理这一新的经营与运作模式。

第一讲　供应链管理思想的诞生

第二节　供应链模型及类型

一、供应链的概念

在国外,供应链的概念是从扩大的生产(extended production)的概念发展而来的,它将企业的生产活动进行了前伸和后延。例如,前伸是指将生产活动延伸至产品的销售和服务阶段;而将供应商的活动视为生产活动的有机组成部分而加以控制和协调,则为后延。

美国供应链协会提出:"供应链,是目前国际上广泛使用的一个术语,涵盖了从生产到最终产品和服务交付的每一环节的努力,从供应商的供应商到客户的客户。"国内对供应链的研究以马士华为主要代表。马士华(2001)认为,供应链是围绕核心企业,通过对信息流、物流、资金流的控制,从采购原材料开始,制成中间产品以及最终产品,最后由销售网络把产品送到消费者手中的将供应商、制造商、分销商、零售商直到最终用户连成一个整体的功能网链结构模式。我国国家标准《物流术语》(GB/T 18354—2021)将供应链定义为:"生产及流通过程中,围绕核心企业的核心产品或服务,由所涉及的原材料供应商、制造商、分销商、零售商直到最终用户等形成的网链结构。"

综合以上研究,可以看出,供应链的概念注重围绕核心企业的网链关系,如核心企业与供应商、供应商的供应商乃至与一切后向的关系,与客户、客户的客户及一切前向的关系。

二、供应链的结构模型

随着信息技术的发展和产业不确定性的增加,今天的企业间关系正在呈现日益明显的网络化趋势。与此同时,人们对供应链的认识也正在从线性的单链转向非线性的网链,供应链更加注重围绕核心企业的网链关系。不同于传统的销售链,供应链打破了企业的边界,从扩展企业的新思维出发,并从全局和整体的角度考虑产品经营的竞争力,使供应链从一种运作工具上升为一种管理方法体系、一种运营管理思维和模式。供应链的结构如图1-4所示。

从供应链的结构模型可以看出,供应链是由节点和连线组成的复杂网络。其中节点代表企业实体,连线代表节点间的连接方式,可能是物流、资金流或信息流。通常,节点具有双重身份,它既是其供应商的客户,又是其客户的供应商。节点企业在需求信息的驱动下,通过供应链的职能分工与合作,以资金流、物流或者服务流为媒介实现供应链的增值。

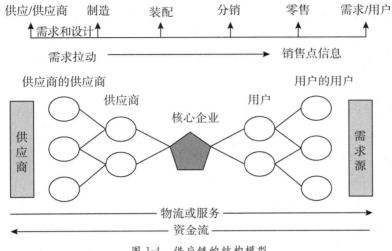

图 1-4　供应链的结构模型

三、供应链的特征

一般来说,供应链具有以下主要特征。

(一)需求导向性

供应链的构建、优化与重构,都是基于一定的市场需求。在供应链运营的过程中,客户的需求成为信息流、物流、资金流的驱动源。因此,及时、准确地获取不断变化的市场需求信息,并快速、高效地满足顾客的需求,成为供应链运营成功的关键。

(二)增值性

零部件供应商通过生产、加工原材料、制成零部件实现增值,分销商通过销售成品,提供相关服务实现增值。供应链管理,要求各成员企业分工协调、同步运作,实现供应链增值。

(三)交叉性

供应链成员的身份存在交叉,如一家供应商可同时向多家制造商供应原材料等生产资料,一家制造商生产的产品也可以由多个分销商分销,一个零售商可同时销售多家制造商生产的产品,一个第三方物流企业可同时向多条供应链中的工商企业提供物流服务。某条供应链中的节点企业还可以成为其他供应链的成员。众多的供应链错综复杂地交织在一起,大大增加了协调管理的难度。

(四)动态性

供应链的动态性首先来源于企业经营环境的动态、复杂与多变性。其次,为了适应竞争环境的变化,管理者需要对供应链进行不断优化,从而使其呈现出动态性的特征。最后,随着合作的成效发生变化,供应链成员也会动态优化。

(五)复杂性

供应链同时具有交叉性和动态性等特征,因而是错综复杂的。供应链的有效运作还需要协调控制物流、资金流、信息流等多种"流",这增大了供应链管理的复杂性。此外,虽然供应链成员企业都要通过满足顾客需求来实现盈利,但毕竟每个成员企业都拥有独立的产权,并存在一定程度上的利益冲突,因而更增大了核心企业协调管理供应链的复杂性。

在上述特征中,需求导向性是供应链存在和运营的前提,而增值性是供应链的本质特征。

四、供应链的类型

虽然供应链的发展历史不长,但是由于它在企业经营中的重要地位和作用,以及它对提升企业竞争力有明显优势,其发展速度很快,已经形成了具有明显特点的供应链结构。按照不同的标准,可以将供应链划分为不同的类型。

(一)根据供应链的稳定性划分

根据供应链的稳定性划分,可以将供应链分为稳定型供应链和动态型供应链。基于相对稳定、单一的市场需求组成的供应链稳定性较强,称为稳定型供应链。基于频繁变化、复杂的需求组成的供应链动态性较强,称为动态型供应链。

(二)根据供应链的综合能力与用户需求的匹配关系划分

根据供应链的综合能力与客户需求的匹配关系划分,可以将供应链分为平衡的供应链和失衡的供应链。一个供应链拥有相对稳定的研发能力、生产能力和分销能力等综合能力,但客户需求处于不断变化的过程中,当供应链的能力能满足用户需求时,供应链处于平衡状态,称之为平衡的供应链。反之称为失衡的供应链。

(三)根据供应链所支持的产品在市场上的表现划分

根据供应链企业所支持的产品在市场上的表现特点,可以将供应链产品分为功能型产品和创新型产品。应该根据不同的产品特点选择和设计不同类型的供应链系统。根据支持功能型产品和创新型产品的不同特点,将供应链分为效率型供应链和响应型供应链。效率型供应链主要体现供应链的物料转化功能,以最低成本将原材料转化成零部件、半成品、产品及在供应链中的运输等;响应型供应链主要体现供应链对市场需求的响应功能,即把产品分配到满足客户需求的市场,对客户的需求做出快速反应。效率型供应链又称为推式供应链,响应型供应链又称为拉式供应链。功能型产品一般适用于效率型供应链,创新型产品一般适用于响应型供应链。

第二讲　供应链模型及类型

第三节　供应链管理的内容及趋势

一、供应链管理的概念

供应链管理的概念最早于 1982 年提出,开思·奥立夫(Keith Oliver)和迈克尔·威波尔(Michael D. Webber)在《观察》杂志上发表《供应链管理:物流的更新战略》一文,首次提出了"供应链管理"这一概念。供应链管理理论源于物流管理研究。20 世纪 90 年代,学术界开始探讨供应链管理与传统物流管理的区别。Cooper、Lambert、Pagh 等认为供应链管理是物流管理范畴的扩展,它除了包含与物品实体运动相关的种种活动外,还包括组织间的协调活动和业务流程的整合过程。伊文斯(Evens)认为,供应链管理是通过前馈的信息流和反馈的物料流及信息流,将供应商、制造商、分销商、零售商直到最终用户连成一个整体的管理模式。

我国国家标准《物流术语》(GB/T 18354—2021)对供应链管理是这样定义的:从供应链整体目标出发,对供应链中采购、生产、销售各环节的商流、物流、信息流及资金流进行统一计划、组织、协调、控制的活动过程。

供应链管理是运用系统的观点,利用计算机网络技术,通过对供应链中的商流、物流、信息流、资金流进行计划、组织、协调与控制,以寻求建立供、产、销企业及客户的战略合作伙伴关系,最大限度地减少内耗与浪费,实现供应链整体效率的最优化,并保证供应链中的成员取得相应的绩效和利益,从而为顾客提供最大价值的整个管理过程。

二、供应链管理的核心理念

(一)整合理念

供应链整合理念是指供应链核心企业有能力对其他节点的企业有组织好、领导好、协调好的能力,能将其他合作企业进行基于一体化运作的能力。由于这些整合层次不同,涉及的企业数量较多、环节各异,整合内容繁杂,如营销渠道整合、物流整合、文化整合、技术整合、业务流程整合等,这对核心企业整合能力而言将是一种挑战,也是其核心竞争力的体现。

(二)合作理念

合作是供应链管理的基础,系统内的各个企业都经营自己的核心业务,企业之间共享资源,借用外力共同发展。供应链的企业在进行合作时,会存在价值观和利益上的分歧,但是为了维护长远的利益,各个合作成员企业之间,必须相互理解,应在各自可以承受的范围内,在均衡各方利益的条件下接受妥协条件,否则合作将难以维持。

(三)协调理念

信息的准确无误、畅通无阻,是实现供应链系统同步化运作的关键。要实现供应链系统的同步化运作,需要建立一种供应链的协调机制,使信息能够畅通地在供应链中传递,从而减少因信息失真而导致的过量生产和过量库存,使整个供应链系统的运作能够与顾客的需求步调一致,同步化响应市场需求的变化。

(四)共享理念

供应链是相关企业为了适应新的竞争环境而组成的一个利益共同体,其密切合作是建立在共同利益的基础之上,供应链各成员企业之间通过协商机制来谋求多赢的目标。供应链管理强调核心企业通过与供应链上下游企业之间建立战略伙伴关系,以强强联合的方式,使每个企业都发挥各自的优势,在价值增值链上达到多赢的效果。

三、供应链管理的趋势

供应链管理的发展趋势主要表现为全球供应链管理、数字化供应链、绿色供应链管理以及供应链金融。

(一)全球供应链管理

全球供应链(global supply chain)是指在全球范围内组合的供应链,它要求以全球化的视野,将供应链系统延伸至整个世界范围,根据企业的需要在世界各地选取最有竞争力的合作伙伴。全球供应链管理强调在全面、迅速地了解世界各地消费者需求的同时,对其进行计划、协调、控制和优化。

(二)数字化供应链管理

数字化供应链是结合物联网技术和现代供应链管理的理论和方法技术,在企业中和企业间构建的,实现供应链的智能化、网络化和自动化的技术与管理综合集成系统。随着传统供应链的发展,技术的渗透性日益增强,很多供应链已经倾向于信息化、网络化、集成化、智能化、柔性化、敏捷化、可视化、自动化等先进技术特征。因此,数字化供应链更倾向于使用可视化的手段来表现数据,采用移动化的手段来访问数据。与传统供应链相比,数字化供应链管理更加人性化,其要考虑人机系统的协调性。

(三)绿色供应链管理

绿色供应链管理考虑了供应链中各个环节的环境问题,注重对于环境的保护,促进经济与环境的协调发展。在绿色供应链管理中,流动的物流不仅是普通的原材料、中间产品和最终产品,更是一种绿色的物流。在生产过程中产生的废品、废料和在运输、仓储、销售过程中产生的损坏件及被用户淘汰的产品均须回收处理。当报废产品或其零部件经回收处理后可以再使用,或可作为原材料重复利用时,可回到制造厂作为原材料使用。

(四)供应链金融

供应链金融是供应链与金融两个领域交叉产生的。长期以来,供应链一直被认为是运营管理的主要内容之一,因此当供应链中的物流与信息流整合已经被许多学者探讨并在实践中得到广泛应用时,供应链中的资金要素却长期被忽视。然而,近年来,供应链中的资金流越来越受到企业关注。供应链金融作为一种创新型金融解决方案,可降低资金流与需求的不匹配。供应链中的核心企业积极与供应链外部的金融服务提供商(银行、保理等)进行协作,并在协作过程中将供应链内部的物流、信息流和资金流以及供应链运营过程、供应链其他参与主体和全部资产状况纳入考虑范围,为供应链中的中小企业提高信贷可得性,降低其融资成本。

第四节 供应链管理战略

一、供应链管理战略的概念

供应链管理战略是从企业战略的高度来对供应链进行全局性规划,指确定原材料的获取和运输、产品的制造或服务以及产品配送和售后服务的方式与特点的战略。其包括采购、生产、销售、仓储和运输等一系列活动。从价值链的角度看,供应链管理战略详细说明了生产经营、配送和服务职能等。

二、供应链管理战略的主要内容

(一)客户服务战略

客户服务战略重点关注两个方面。一是客户的需求,客户的需求是供应链运行的逻辑起点,了解和满足客户需求是供应链管理的基础。二是客户关系管理,运用 ABC 分类法,对客户进行分类管理,动态响应客户需求,挖掘客户价值,甚至帮助客户实现其价值。

(二)供应链网络设计战略

供应链中包括制造商、供应商、分销商等节点企业,需要设计这些节点企业的地理空间布局,既要考虑合作的可行性,又要考虑客户服务水平和供应链运营成本。除节点企业外,还要对重点物流服务节点进行设计,如物流中心、配送中心等。

(三)外包战略

外包战略基于对供应链的竞争能力分析,明确构成供应链竞争能力的核心业务和核心能力,而对于非核心业务可以选择合适的合作方进行外包,这样一方面可以强化供应链的竞争优势,另一方面可以应对环境的不确定性,从而提高供应链的柔性。

(四)运营战略

企业如何生产产品和提供服务的决策构成了企业的运营策略。企业是选择按库存生产方式(make to stock,MTS)、按订单生产方式(make to order,MTO)、按订单装配(assemble to order,ATO),还是选择将这些生产方式进行组合?是选择外包生产、在低成本的国家和地区进行海外代工,还是选择在制造厂外接近客户的地方完成最终装配?这些对企业而言都是至关重要的决策,影响并构成企业整条供应链的构建。企业的运营战略决定了企业制造厂的配置和运营、仓库和客户订单,同时也决定了企业流程和信息系统的设计。

(五)渠道战略

渠道战略必须做出决策的问题是,企业如何将产品和服务送到购买者或最终消费者手中。渠道战略包括是选择通过分销商或零售商间接销售,还是选择通过互联网或直销方式直接销售给客户。产品和服务所定位的细分市场和区位优势是影响渠道战略决策的主导因素。由于产品和服务的边际利润率将因所采用的渠道而异,因此,企业需要优化渠道组合策略以及在产品缺货或需求高峰时,各渠道的产品和服务供应能力的最优分配策略,以实现企业利润最大化。

此外,还要对所有节点中涉及的软硬件投入进行设计,如对智能化生产设备、智能化物流设备、信息管理系统、管理软件等投入进行谋划。

第三讲 供应链管理战略

章节案例讨论 ------------------------------

颐世保的供应链管理

青岛颐世保塑料有限公司(以下简称颐世保)成立于 2007 年 4 月,占地面积 9697 平方米,厂房面积 7277 平方米,主要生产专用色母、通用色母、功能母料、染色造粒、塑料专用料,年生产能力 2 万多吨。其中改性塑料、染色料、母料产品的技术已经达到全国同行业的前列,客户市场覆盖了家电、汽车、办公设备、电子电器等传统行业和精密仪器、航空航天、新能源等高新技术领域。颐世保公司拥有 14 条先进的同向双螺杆挤出生产线和包括紫外线耐候试验仪、环保测试仪、熔体流动速率仪等在内的检测设备,并建立了完整的工艺质量管理体系,是一家集科研、开发、生产、销售于一体的现代化企业。

颐世保的主要产品——改性塑料,是在通用塑料和工程塑料的基础上,经过填充、增强等方法加工改性,提高了韧性、阻燃性、抗冲击性等方面的塑料制品,属于石油化工产业链中的中间产品。从中石化直接采购石油裂化裂解的产物,是颐世保的主要原料来源,其采购渠道还包括现采料和进口料采购,三者占比分别约为 75%、15%、10%。颐世保的下游客户主要是海信、澳柯玛等家电制造商,负责为其空调器外壳、电饭煲壳体等提供材料。2018 年,颐世保将业务拓展至汽车市场,与吉利、一汽解放、上海通用等多家汽车厂家建立供货关系,提供汽车保险杠、车灯等制造原料。

"十一五"规划实施期间国民经济稳健发展,我国改性塑料行业也获得了较快发展。王蓉和丈夫老王大学时是同班同学,同为材料专业出身的二人,一直关注着国内改性塑料行业的发展。2005 年我国的人均塑料消费量不足发达国家的一半,并且跨国企业占有我国约 70% 的市场,王蓉夫妇看到了我国改性塑料行业巨大的发展潜力,也深知国内塑料企业急需快速发展,抢占市场份额。2007 年春,二人凭借着以往积累的人脉,在青岛西部共同创立青岛颐世保塑料有限公司,总经理王蓉同时兼任着采购部经理的职务。

颐世保成立初期,公司流动资金不足 200 万元,工厂产能又有限,公司订单量始终维持在 20 吨上下,其下游合作商也仅有王蓉夫妇凭借各自人脉联系到的几家青岛市内的小企业。如何拓展下游客户,提高订单量,是夫妇二人初期一直在思考的问题。

2008 年,一个机遇出现在王蓉面前:海信外协厂家因原供货商价格过高,产品有质量问题,面对市场公开招标新供应商。海信集团有限公司在全球拥有 14 个生产基地、12 个研发中心,海外分支机构覆盖欧、美、非、中东及澳大利亚等全球市场,产品远销 130 多个国家和地区,是多家材料企业青睐的合作对象。2008 年 5 月 9 日,海信在官网上发布了招标信息,不少供应商纷纷行动起来,王蓉夫妇也不例外。凡事豫则立,不豫则废,看到消息后,二人立即想到刚入公司不久的小李。研究生刚毕业的小李想法多,人也灵活,还是王蓉夫妇的校友,三人立即组成了研究团队,开始了紧锣密鼓的准备工作。

首先,三人仔细研读了标单的各项要求,并按投标确认函书面确认回复。第二天,王蓉就标的细节与海信负责人交流、确认。紧接着,三人着手准备提交投标保证金缴纳说明、质量承诺书、法定代表人授权书、供应商资质信息汇总、附件技术要求、入厂检验指导书等相关材料。最后,小李于 5 月 15 日将所需资料密封递交至海信平度工厂冷柜厂房 229 视频会议室。

5 月 20 日,海信采购部从投标的企业中筛选出包括颐世保在内的三家供应商,进行最后的谈判和裁决。最终经过层层审核,5 月 24 日海信在官网公示招标结果,颐世保塑料有限公司突出重围,成为海信新的合作供应商。颐世保在与海信合作的第一年里,由于价格比海信原供应商降低了近 3%,公司全年为海信节约成本共计 200 余万元,在海信外协厂家中也渐渐有了知名度。

第二年,公司进一步加强与海信的合作,2009 年底与海信最大的外协厂家合作开发聚丙烯阻燃材料。颐世保凭借研发优势,将许多产品的开发周期由原来的一周缩短至两天,同时材料成本由原来的每吨 18500 元直降至 13800 元。因明显的性价比优势,颐世保独占了海信的聚丙烯阻燃材料市场。此次战略合作,双方实现了市场占领、利益均分的双赢局面。2010 年,颐世保作为供应商在家电市场中已小有名气,并陆续与海尔、澳柯玛的外协厂家也建立了供货关系,下游局面逐渐被打开。

资料来源:王崇锋,武霁泽,卢敏鸳,栾蓉.逆境中突围——颐世保的供应链管理之路 [EB/OL].(2020-07-15)[2023-06-11].http://www.cmcc-dlut.cn/Cases/Detail/4525

思考:请用供应链管理的相关知识,谈谈颐世保是如何逆境突围,实现经营成功的。

思考与练习

1.什么是供应链?其特征是什么?描述其结构模型。

2.传统的"纵向一体化"管理模式为什么不能适应 21 世纪的市场环境?

3.什么是供应链管理? 阐述供应链管理模式与传统管理模式的区别。

4.阐述供应链管理模式的产生和发展过程。

5.结合实际,谈谈你对供应链管理模式的认识。

参考文献

[1] 何春明,徐斌华,彭莎莎,等.供应链管理实务[M].西安:西安交通大学出版社,2018.

[2] 胡建波,刘卫华,沈保华.供应链管理[M].北京:清华大学出版社,2021.

[3] 贾平,范林榜.供应链管理[M].北京:清华大学出版社,2011.

[4] 科伊尔,兰利,诺华克,等.供应链管理物流视角[M].宋华,王岚,译.北京:清华大学出版社,2021.

[5] 李喜梅,原亚丽.供应链管理[M].西安:西安交通大学出版社,2016.

[6] 马士华,林勇.供应链管理[M].6 版.北京:机械工业出版社,2020.

[7] 宋华.数字供应链[M].北京:中国人民大学出版社,2021.

[8] 宋华.供应链金融[M].北京:中国人民大学出版社,2021.

[9] 王常华.供应链管理[M].北京:中国传媒大学出版社,2017.

[10] 谢家平,葛夫财.供应链管理[M].上海:复旦大学出版社,2011.

[11] 种美香,王珊珊,雷婷婷,等.供应链管理实务[M].北京:清华大学出版社,2023.

CHAPTER ②

第二章

供应链管理体系与集成化运行机制

学习目标:

通过本章的学习,使学生了解供应链业务流程、供应链管理系统模型、供应链管理体系关键要素,以及集成化供应链管理。

知识目标:

(1)了解供应链管理体系的关键要素。

(2)了解集成化供应链管理的理论模型。

(3)了解集成化供应链管理的实现步骤。

能力目标:

(1)描述供应链管理体系的关键要素,厘清关键要素之间的逻辑关系。

(2)描述集成化供应链管理的实现步骤,掌握每个步骤发生的变化,能帮助企业实现集成化供应链管理。

素养目标:

(1)培养系统思考的思维习惯。

(2)培养分阶段实施,踏实前行的品质。

知识结构思维导图

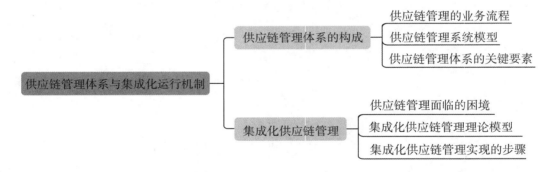

导入案例

百丽鞋业的供应链管理

在供应链体系的建立方面,百丽鞋业称得上是业内典范。1992年到1995年,初生的百丽鞋业同众多的国内服装加工企业一样以加工贸易立足,而1995年以后,百丽看准了消费者需求的多样性与多变性,开始谋求通过脱离下游制造业的手段,尝试以各大商场和地区经销商为依托,产、供、销联合一条龙的直线连锁经营方式,建立品牌零售网络。步入21世纪以后,进一步整合了O2O网络的资源,进行业务多元化,顺应了服务市场"小批量、多品种、多规格"的竞争方向,实现了企业规模和利润的双丰收。

百丽鞋业采取纵向一体化敏捷供应链的业务模式,它涵盖了从产品设计和开发、生产,到营销和推广、分销和零售的全过程。进入21世纪,百丽鞋业的发展遇到了新的挑战,海外市场疲软,行业内的竞争越发激烈。深思熟虑以后,管理高层宣布企业下一步将要转型。如何转型?对于遍及全国的零售网点,全部由百丽鞋业直接管理和控制,而这样做的好处就是能够与消费者直接接触,从而能够获得市场动态的第一手资料,便于管理层针对市场状况做出及时、准确的决策。最终还是最高决策团队力排众议,决定采用纵向一体化敏捷供应链模式(如图2-1所示)。该模式的好处是可以赚足产业链上每一环节的利润,从而提升公司的毛利率。令他们欣慰的是,改革很快见到了成效,从2006年的财务数据来看,百丽鞋业综合毛利率达到56.1%,远高于业务状况类似的永恩国际45.1%和李宁47.4%的毛利率水平;而另一方面,在此种模式下,由于公司直接管理零售网络,能够迅速对市场波动做出应变。

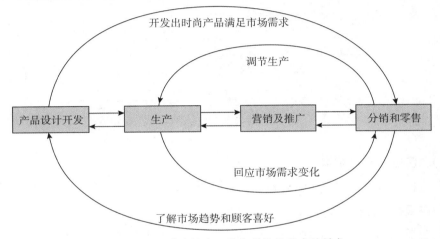

图 2-1 百丽鞋业纵向一体化的敏捷供应链模式

资料来源:李新然,邹广泽.百丽鞋业纵向一体化敏捷供应链体系[EB/OL].(2015-10-13)[2023-06-11].http://www.cmcc-dlut.cn/Cases/Detail/2184.

思考:纵向一体化敏捷供应链业务模式的优缺点?

第一节　供应链管理体系的构成

随着对供应链管理思想认识的加深,人们开始从整个供应链的角度研究供应链管理的组成要素问题,即供应链管理包含哪些组成部分。虽然不少研究者和实践家提出了不同的学说,但到目前为止还没有一个能被人们共同接受的、将供应链管理有关要素描述清楚的体系。这个问题至今仍然是困扰管理人员的主要难题之一。

一、供应链管理的业务流程

美国俄亥俄州立大学的道格拉斯·兰伯特(Douglas Lambert)教授及其研究小组提

出了供应链管理的 3 个基本组成部分及 8 个运作流程,如图 2-2 所示。与供应链管理有关的 3 个基本组成部分是:供应链的网络结构、供应链的业务流程和供应链管理元素,具体内容如下。

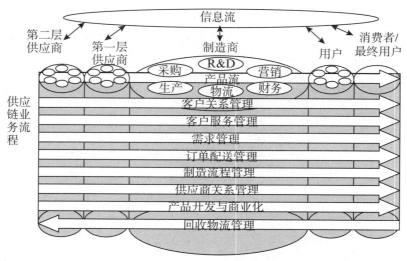

图 2-2　供应链管理流程结构

(一)供应链的网络结构

主要包括:工厂选址与优化、物流中心选址与优化、供应链网络结构设计与优化。

(二)供应链的业务流程

主要包括:①客户关系管理,②客户服务管理,③需求管理,④订单配送管理,⑤制造流程管理,⑥供应商关系管理,⑦产品开发与商业化,⑧回收物流管理。

(三)供应链管理元素

主要包括:运作的计划与控制;工作结构设计(指明企业如何完成工作任务);组织结构;产品流的形成结构(基于供应链的采购、制造、配送的整体流程结构);信息流及其平台结构;权力和领导结构;供应链的风险分担和利益共享;管理方法;文化与态度。

二、供应链管理系统模型

有研究者从计算机信息系统的角度给出供应链管理构成要素,被称为供应链管理系统模型。供应链管理系统模型结构如图 2-3 所示。

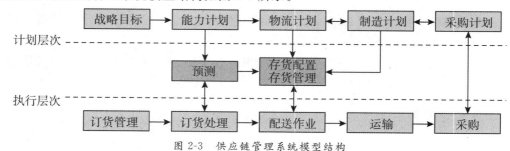

图 2-3　供应链管理系统模型结构

供应链管理系统模型,是指采用系统工程理论、技术与方法,借助计算机技术、信息技术等建立的用于支持供应链管理的信息系统。供应链管理系统模型结构包括计划和执行两个层次。计划用于供应链的计划和协调,执行是对顾客订单的处理、采购、配送等作业活动。

基于理论研究和企业实践,将供应链管理构成要素归纳为七大管理领域:需求管理(demand management)、计划制订(planning)、采购(sourcing)、生产(make)、订单交付(fulfillment)、物流管理(logistics management)、逆向物流(reverse logistics)以及信息支持平台(information support platform),七大管理领域的结构关系如图 2-4 所示。

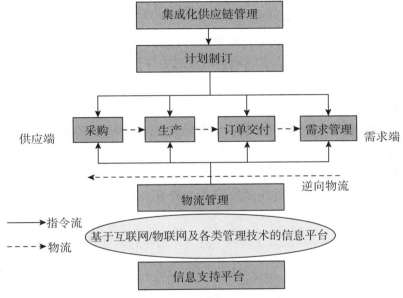

图 2-4　供应链管理涉及的领域

三、供应链管理体系的关键要素

基于前面提出的供应链管理构成要素的七大管理领域,并结合不同学者的理论研究及企业界的实践成果,将供应链管理体系的关键要素总结为 12 个主要组成部分。

(一)供应链需求管理

供应链管理必然是以客户需求为导向的,为了提高客户满意度,供应链企业必须同时做好线上和线下全渠道的客户需求管理工作,使供应链的运营能够围绕客户需求进行。供应链企业必须采用先进的需求管理和预测技术,将互联网时代的碎片化需求整合起来,这样才能准确掌握客户需求信息和客户动态,为客户提供便捷的消费渠道,快速响应客户的个性化需求,始终如一地为客户提供优质、可靠的产品和服务。

(二)供应链网络设计

供应链网络系统是为客户提供产品生产和服务的物质基础,通常指由供应商、制造商、分销商、物流中心、配送中心等实体构成的一个有机体系,是实现企业产品物流和配送活动的载体。供应链网络设计是指根据服务于客户的需求,运用科学的方法确定各节点企业的数量、地理位置与规模大小,根据服务的市场(服务对象)范围分配软硬件设施,使之与供应链的整体经营运作系统有机结合,以实现高效、经济的供应链运作。

(三)供应链合作伙伴关系管理

强调供应链合作伙伴关系,除了强调其作为供应链协调运作的基础与保障、共同分担供应链上的风险之外,还有另一层更重要的理念,即与合作伙伴分享供应链的总体收益,使供应链上的每一个成员都能够在供应链整体价值增加的情况下获得自己应得的那份收益。

(四)供应链采购管理

企业要根据市场需求及企业生产策略,在供应端寻找最合适的供应商,完成物料采购,并根据生产进度配送到生产线,以此保证物料的供应,这是供应链运作管理的重要工作之一。

(五)供应链生产与计划管理

供应链计划的制订一般由核心企业主导,主要功能有:①定义供应链活动范围;②规划供应链企业的客户订单承诺能力、多供应商物料需求计划、配送需求计划、集中与分散交货计划、订单交付周期压缩计划等;③制订主生产计划,包括需求预测和需求管理、主生产计划编制、制造支持、减少库存资金占用、供应链需求调查功能、物流资源匹配支持等。

(六)供应链库存管理

企业在实际管理活动中,经常出现由于各种不确定性问题而导致的物料供应中断,如原材料延迟到达、机器故障、产品质量存在缺陷、客户订单突然取消等。为了抵御这些不确定因素对供应链整体的影响,企业管理者必须配置一定量的库存(如原材料、半成品和成品等不同形态的物料)以吸收和平衡随机波动因素带来的损失。

(七)供应链物流管理

供应链管理认为,要想使自己的供应链系统产生超常的竞争优势,就要使企业在成本、质量、时间、服务、柔性上的竞争优势显著提高,这就需要对供应链物流系统从企业战略的高度来规划和管理,把供应链管理战略通过物流管理落到实处。因此,供应链管理的理论研究与实践都将物流管理作为重要内容。

(八)供应链资金流管理

1. 从订单到现金回收

指的是从核心企业收到客户订单以后,立即制订生产计划并组织生产,按照订单要求将产品交付给客户,直到收到客户付款的所有过程。供应链管理者要保证每个环节都必须有足够的资金,以维持供应链正常运营,避免因为缺乏资金而导致生产停顿,延误订单交付。

2. 从采购到付款

指的是从核心企业向供应商下达采购订单,收到货物之后并向供应商付款的所有过程。有些核心企业拖延向供应商付款的时间,以这种方式降低本企业的运营成本,但是资金紧张的供应商可能采取更加隐讳的手段维持生存,从而最终使供应链整体利益受损,因此,健康的供应链一定要严守付款协议,不宜出现恶意拖延供应商货款的现象。

3. 供应链金融

供应链金融着眼于供应链优化运营,利用金融手段提高资金的使用效率,解决中小企业供应商或分销商的融资难题,使供应链能够稳健运行,从而实现供应链的整体最优。

(九)供应链信息流管理

信息流是供应链上各种计划、订单、报表、库存状态、生产过程、交付过程等指令和其他关键要素相互之间传递的数据流,包含整个供应链中有关库存、运输、绩效评价与激励、风险防范、合作关系、设施和客户的信息以及对信息的分析。因为信息流直接影响着物流、资金流、商流及其他关键要素的运行质量,所以它是供应链性能改进中最重要的要素。对信息流的有效管理能够保证供应链企业对市场需求的响应更快、资源利用率更高。

(十)供应链组织结构

现代管理学认为,组织创新是企业核心能力的构成要素之一,是提高企业组织效率、管理水平和竞争力的有效措施。今天,随着互联网及网络技术的出现,企业的供应链管理又再一次发生了变化。目前,世界上不少企业为了提高供应链的效率与响应速度,对企业供应链管理模式,特别是企业的组织结构形式进行了不断的研究、探索与实践。供应链组织创新是企业组织优化的重要组成部分,而且这种优化超越了企业的边界,连接起供应链的上下游企业,致力于形成一种现代的、能够支持整个供应链管理的全新组织体系,不但对提高供应链的竞争力起着非常重要的作用,而且创造了新的组织管理理论。

(十一)供应链绩效评价与激励机制

从系统分析角度来看,供应链绩效评价与激励是供应链管理中的一项综合性活动,涉及供应链各个方面的情况。供应链绩效评价的目的主要有两个:一是判断供应链各节点企业的运行状态,为供应链节点企业的动态调整提供依据,并对评价中发现的问题及时改进。二是判断供应链整体运行情况。供应链激励的目标主要是通过某些激励手段,调动合作伙伴的积极性,兼顾合作双方的共同利益,消除由于信息不对称和败德行为带来的风险,使供应链达到协调运作,消除双重边际效应,实现供应链企业共赢。

通过建立供应链绩效评价与激励机制,围绕供应链管理的目标对供应链整体、各节点企业(尤其是核心企业)运营状况以及各节点企业之间的运行关系等进行分析评价。如果供应链绩效评价与激励机制设置不当,那么将会造成系统无法正确判断供应链运行状况,且不利于各成员合作关系的协调。

(十二)供应链风险管理

在供应链管理的实践中,存在很多导致供应链运行中断或其他异常情况的风险。例如,2000年3月美国新墨西哥州飞利浦公司第22号芯片厂的车间发生的火灾,2001年9月11日在美国发生的"9·11"恐怖事件,2011年的日本大海啸,2018年的中兴芯片断供事件,2019年新冠疫情事件等,都曾经导致供应链运行中断,给企业、国家和世界经济造成了很大的创伤,甚至是致命的打击。因为供应链是环环相扣的,任何一个环节出了问题,都可能影响供应链的正常运作。而这些事件的发生具有极大的不确定性和偶然性,是难以预知的。因此,供应链风险管理是企业管理者必须充分重视的内容。

第四讲　供应链管理体系构成和关键要素

第二节　集成化供应链管理

　　要成功地实施供应链管理,使供应链管理真正成为有竞争力的武器,就要抛弃传统的管理思想,把企业内部以及节点企业之间的各种业务看作一个整体功能过程,形成集成化供应链管理体系。通过信息流、资金流和物流管理,将企业生产经营过程中有关的人、技术、经营管理三要素有机地集成并优化运行,通过对生产经营过程的物流、管理过程的信息流和决策过程的决策流进行有效的控制和协调,将企业内部的供应链与企业外部的供应链有机地集成起来,达到全局动态最优目标,以适应新的竞争环境下市场对生产和管理过程提出的高质量、高柔性和低成本的要求。

一、供应链管理面临的困境

　　企业实施传统供应链管理的过程中面临以下困境。

(一)外部环境中不确定性增加

　　由于消费者需求的动态变化,供应链中断的不确定性增加,给供应链经营带来了困难。

(二)外部竞争加剧

　　在每个细分市场上,供应链面临着巨大的竞争,供应链的竞争压力变大。

(三)产品生命周期变短

　　由于信息技术的普及,消费者需求的变化,产品生命周期越来越短。

(四)供应链结构及供应链节点企业结构不优

　　供应链中供应商、分销商等结构没有优化,同时供应商、分销商等节点企业内部结构没有优化。

(五)供应链成员企业之间信息不对称

　　由于战略合作关系没有建立起来,供应链成员企业之间存在信息不对称的现象。

(六)供应链成员企业之间协同性差

由于信息共享不充分,成员企业之间的信任没有完全建立,存在协同性差的现象。

(七)响应客户需求不足

由于供应链中节点企业协同性不好,供应链难以及时准确地响应客户需求。

(八)供应链总运行成本过高

由于外部环境的不确定性,供应链内部结构不优,导致供应链运行成本很高。

(九)供应链价值增值不高

由于供应链总运行成本过高,供应链价值增值不高。

二、集成化供应链管理理论模型

从三个管理循环、四个管理回路来探讨集成化供应链管理模型。

(一)三个管理循环

集成化供应链管理的核心是由定制化需求、集成化计划、业务流程重组、面向对象过程控制组成第一个循环(运作循环)。由定制化策略、信息共享策略、调整适应性策略、创造性团队策略组成第二个循环(策略循环),在运作循环的每个作业形成各自相应的作业性能评价与提高循环(性能评价回路),即由满意度评价、同步性评价、协调性评价、增值性评价组成第三个循环。集成化供应链管理正是围绕这三个循环展开,形成相互协调的一个整体,如图 2-5 所示。

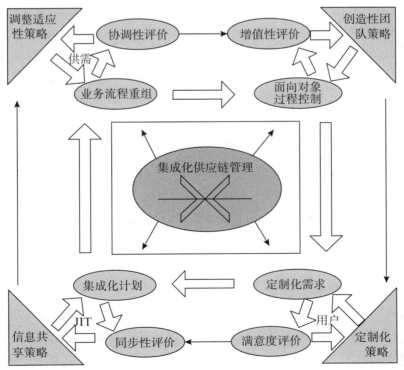

图 2-5　集成化供应链管理理论模型

(二)四个管理回路

在三大管理循环的基础上,集成化供应链管理可以分为四个管理回路。

(1)定制化需求—定制化策略—满意度评价回路。主要涉及的内容包括:满意策略与用户满意评价理论、面向顾客化的产品决策理论研究、供应链的柔性敏捷化策略等。

(2)集成化计划—信息共享策略—同步性评价回路。主要涉及的内容包括:JIT 供销一体化策略、供应链的信息组织与集成、并行化经营策略等。

(3)业务流程重组—调整适应性策略—协调性评价回路。主要涉及供需合作关系、战略伙伴关系、供应链重建策略等。

(4)面向对象过程控制—创造性团队策略—增值性评价回路。主要涉及面向对象的集成化生产计划与控制策略、基于价值增值的多级库存控制理论、资源约束理论在供应链中的应用、质量保证体系、群体决策理论等。

三、集成化供应链管理实现的步骤

企业从传统的管理模式转向集成化供应链管理模式,一般要经过五个阶段,包括从初级层次的基础建设到最高层次的集成化供应链动态联盟,各个阶段的不同之处主要体现在组织结构、管理核心、计划与控制系统、应用的信息技术等方面,其步骤如图 2-6 所示。

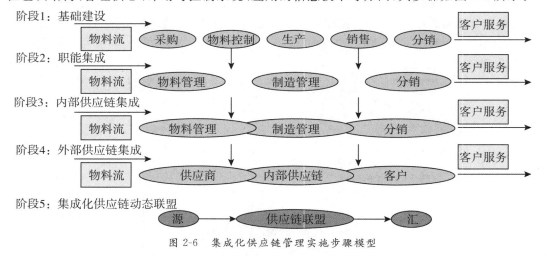

图 2-6　集成化供应链管理实施步骤模型

(一)阶段 1:基础建设

这一阶段是在原有企业供应链的基础上分析、总结企业现状,分析企业内部影响供应链管理的有利因素和不利因素,同时分析外部市场环境,对市场的特征和不确定性做出分析和判断,最后相应地完善企业的供应链。

(二)阶段 2:职能集成

职能集成强调的是以满足客户需求为目标,在克服传统的职能专业化带来的各自为政的弊端后,力图实现企业内部各项管理职能集成。客户需求已经成为驱动企业生产的主要动力,如果整个流程不能实现集成化运作的话,容易导致生产、运输、库存等成本的增加。

(三)阶段 3:内部供应链集成

这一阶段要实现企业内部职能的集成,形成内部集成化供应链。集成的输出是集成化的计划和控制系统。为了支持企业内部集成化供应链管理,主要采用供应链计划(supply chain planning,SCP)和 ERP 系统来实施集成化计划和控制。SCP 在更高的程度上集成了企业的主要计划和决策业务,包括需求预测、库存计划、资源配置、设备管理、优化路径、基于能力约束的生产计划和作业计划、物料和能力计划、采购计划等。而 ERP 系统集成了企业业务流程中主要的执行职能,包括订单管理、财务管理、库存管理、生产制造管理、采购管理等职能。SCP 和 ERP 通过基于事件的集成技术联结在一起。

(四)阶段 4:外部供应链集成

实现集成化供应链管理的关键在于第四阶段,将企业内部供应链与外部的供应商和用户集成起来,形成一个集成化供应链系统。而与主要供应商和客户建立良好的合作伙伴关系,即形成供应链战略合作伙伴关系,是集成化供应链管理的关键之关键。

(五)阶段 5:集成化供应链动态联盟

在完成以上四个阶段的集成以后,已经构成了一个网链形式的供应链结构,其战略核心及发展目标是在市场竞争中占据主导地位。为了应对激烈的市场竞争,供应链网链结构呈现动态化特征,以不断适应市场变化、柔性、速度、革新、知识发展等的需要,那些不能适应供应链发展需要的企业将从供应链网链结构中淘汰出局。供应链将成为一个能快速重构的动态组织结构,即集成化供应链动态联盟。企业通过互联网或移动商务软件等技术集成在一起以满足客户的需求。一旦某种客户的需求消失了,它也将随之解体。而当新的需求出现时,这样的组织结构又由新的企业动态地重新组成。要想在这样一个动态的环境中求生存,企业能否成为一个能及时、快速满足客户需求的某一供应链上合作伙伴,是企业生存、发展的关键。

集成化供应链动态联盟是基于一定的市场需求、根据共同的目标而组成的,通过实时信息的共享和物流协同运作来实现集成。主要应用的信息技术是互联网以及物联网的集成,同步化的、扩展的供应链计划和控制系统是主要的工具,基于互联网以及物联网的电子商务取代传统的商务手段。这也是 21 世纪供应链管理发展的必然趋势。

第五讲　集成化供应链管理

章节案例讨论 --

华为供应链管理案例

1995年底,华为初期供应链的建设已颇见成效,但随着公司规模扩大,供应链的运作能力已经难以支撑公司日益增长的业务发展需要,初期供应链面临多重困境。其准时齐套发货率低于30%,存货周转一年仅有两次,而产品交付时间长达25天,远低于同类型企业平均10天的水平。为解决这些问题,华为向IBM公司咨询,IBM公司在对华为进行全面分析之后,发现了在初期供应链上存在的78个问题,主要概括为供应链运作流程、组织架构和IT系统三个方面。在供应链运作流程上,对于客户需求预测,缺少科学的预测方法和有效的预测工具,采购战略指导匮乏导致采购成本过高,交货期长,合同履行能力与实际生产交付能力不匹配,导致客户的投诉率高;组织架构方面,华为内部组织层级繁杂且各自为政,信息沟通少,缺乏合作导致效率低下;在IT系统的运用上,华为1996年就引入并应用了Oracle的MRP II系统,但对在该系统无法满足其他应用模块时没有给予充分的技术支持,除此之外,数据信息存在不一致的情况,企业的工作流没有打通。

1998年,华为进行了集成供应链变革,以SCOR模型为基础,改善原来的销售流程、计划流程、交付流程等,形成以需求计划驱动,采购、生产、物流、销售相互协作的规范化的供应链管理。

销售流程上对原来的MRP II系统扩展延伸并引入集成销售配置器,通过基于网络的方式向客户开放,为客户提供更加多样的选择,客户满意度得到提升,订单交付期大大缩短;华为计划流程中引入S&OP(销售和运营计划),优化配置有效资源,引入TOM(全面订单管理)模型对计划和订单进行规范化管理,建立共享系统数据库,能够实现对订单流程信息、企业计划执行的准确度、物料清单等数据的掌控,基于数据提高供应链流畅度;对于采购简化流程,缩减供应商与企业的层级交易,供应商的票据直接上交财务部,对采购物料和供应商进行差异化管理,以达到降低采购成本的目标。在选择供应商时坚持质量优先与技术并重的原则,改变低价者得的做法,参与战略供应商的新技术开发,扶持核心供应商,以产业链协同优势增强自身竞争力,以此保障物料供应的持续性;制造流程方面,根据不同的产品特性及产品需求建立不同的生产模式,将技术成熟且生产较简单的产品发给EMS(电子制造服务)外包工厂进行生产,为制造部提供更大的空间进行新产品和工艺难度较大的产品生产,发展核心竞争力,提高生产制造的效率;建立自动物流中心和自动立体仓库,用条形码、射频识别等技术,降低库存,减少损耗。

资料来源:辛童.华为供应链管理[M].杭州:浙江大学出版社,2020.

思考:1.华为供应链在变革前遇到了什么问题?

2.华为供应链是如何变革的?

思考与练习

1.从管理理论的视角出发,你认为供应链管理应该包含哪些要素?

2.试讨论几种描述供应链管理体系的模型,它们各自有何特点?

3.为什么要强调集成化供应链管理?集成化供应链管理和供应链协调管理的关系是什么?

4.如何分步骤地实现集成化供应链管理?

参考文献

[1] BASSOK Y, ANUPINDI R. Analysis of Supply Contracts with Commitments and Flexibility[J]. Naval Research Logistics,2008,55(5):459-477.

[2] 大数据战略重点实验室.DT 时代:从"互联网+"到"大数据 x"[M]. 北京:中信出版社,2015.

[3] 冯国经,冯国纶,温德. 在平的世界中竞争[M]. 宋华,译. 北京:中国人民大学出版社,2009.

[4] HARLAND C. Supply Chain Operational Performance Roles [J]. Integrated Manufacturing System,1997,8(2):70-78.

[5] 何维达.企业委托代理制的比较分析:制衡机制与效率[M].北京:中国财政经济出版社,1999.

[6] 霍普.供应链管理:获取竞争优势的科学方法[M].徐捷,吴琼,译. 北京:机械工业出版社,2009.

[7] INGER R, BRAITHWAITE A, CHRISTOPHER M. Creating a Manufacturing Environment that is in Harmony with the Market the "how" of Supply Chain Management [J]. Production Planning and Control,1995,6(3):246-257.

[8] LEWIS J C, NAIM M M. Benchmarking of Aftermarket Supply Chain[J]. Production Planning and Control,1995,6(3):258-269.

[9] LEE H L. Aligning Supply Chain Strategies with Product Uncertainties[J]. California Management Review,2002,44(3):105-119.

[10] MISHRA DP,HEIDE J B,CORT S G. Information asymmetry and levels of agency relationships [J]. Journal of Marketing Research,1998,35(3):277-295.

[11] 马士华,林勇.供应链管理[M].4 版.北京:高等教育出版社,2015.

[12] PEARCE D G,STACCHETTI E. The Interaction of Implicit and Explicit Contracts in Repeated Agency[J]. Games and Economic Behavior,1998,23(1):75-96.

[13] RAVINDRAN A R,WARSING D P. Supply Chain Engineering:Models and Applications

［M］. Boca Raton：CRC Press，2013.

［14］ TOWILL D R. Industrial Dynamics Modeling of Supply Chain［J］. Logistics Information Management，1996，9（4）：43-56.

［15］谢菲. 柔韧：麻省理工学院供应链管理精髓［M］.杨晓雯，戴锐，况学文，等，译.上海：上海三联书店，2008.

［16］谢菲. 物流集群［M］.岑雪品，王微，译.北京：机械工业出版社，2015.

［17］辛童. 华为供应链管理［M］.杭州：浙江大学出版社，2020.

［18］张维迎.博弈论与信息经济学［M］.上海：上海人民出版社，1996.

CHAPTER ③

第三章

供应链的构建与优化

学习目标：
掌握供应链构建的体系框架和供应链构建的设计和优化流程。
知识目标：
(1)掌握基于产品的供应链设计策略；
(2)掌握供应链优化的流程；
(3)掌握基于产品的供应链设计应遵循的步骤。
能力目标：
(1)能够进行基于产品类型的供应链设计；
(2)掌握提高供应链弹性的途径。
素养目标：
从系统的角度思考供应链的构建与优化。

知识结构思维导图

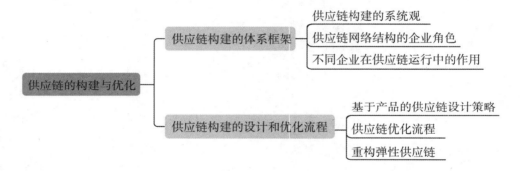

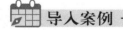 导入案例 --

是什么在支撑联想进军智能制造

在制造业，人们对联想的印象通常是一家生产电脑的企业。但看完下面，或许能够看到联想不一样的一面。打造一个韧性、敏捷和协调的供应链，是联想所期望能达成的目标，也是联想能产生的价值。2022年联想举办了一场关于"新联想、新智造"为主题的沙龙，联想数字化转型、人工智能、新基础设施、环境工程等智能制造业务相关负责人探讨了最新的进展，分享了很多技术方面的突破，特别是讲述了很多制造业一线数字化转型的故事。

这些故事环环相扣数字化能力与数字化赋能，生动地刷新了人们对于联想这家企业的惯性认知，构成了联想在数字时代的"基本面"。全球亿万客户，年处理过万订单，联想供应链做对了什么？联想集团的供应链积极把握新技术，基于对行业变革、技术演进深入的研究和理解，再结合自身的实践，总结出五大智能制造核心能力"互联互通、柔性制造、虚实结合、闭环质量、智能决策"。互联互通是指从生产到运送，从工厂到最终用户的全链路的互联互通。柔性制造是指高度自动化的混线柔性生产,其主要是应对少量、多样化的订单需求。虚实结合是指物理与虚拟数字的映射和闭环控制。闭环质量是指端到端的质量追溯、监控、分析和管理。而智能决策是指通过大数据和人工智能驱动预测性分析决策。联想供应链有一个重要法宝,就是供应链控制塔,它是一个从供应链端到端的角度去分析、去应用最先进预测性的分析,包括人工智能、区块链等技术,结合机器人等自动化的一些设备,实现了从订单管理到仓库管理,中间包括排产决策、智能生产、质量检测、智能物流等全链数字化的驱动。

资料来源:李国庆.回归联想的基本面,是什么在支撑联想进军智能制造?[J].智能制造,2022,309(01):35-37.

思考:你认为联想在构建与设计供应链时考虑到了哪些因素,有什么特点?

第一节　供应链构建的体系框架

一、供应链构建的系统观

供应链的构建有着明确的目的,系统思想指导下的可行的供应链设计策略和方法是实施供应链管理的基础。在研究供应链的构建时,应站在系统整体功能实现的高度去观察、思考问题。目前所提出的供应链设计策略和方法虽然不多,但有影响力的、具有代表性的都是从系统的角度来进行研究的。

(一)供应链管理的组织架构模型

供应链的构建必须同时考虑核心企业和合作伙伴之间的管理关系,形成合理的组织关系以支持整个供应链的业务流程。因此,在进行供应链设计时,首先,需要考虑的内容就是供应链上企业的主客体关系。根据核心企业在供应链中的作用,恰当设计出主客体的权利与义务。其次,就是完整的组织设计,支持主客体关系的运作。

(二)供应链环境下的运作组织与管理

供应链能够取得单个企业所无法达到的效益,关键之一在于它调动和协调了整个产品设计、制造与销售过程的资源。但是这并不是说只要将所有企业"捏合"到一起就可以达到这一目标。其中核心问题就是能否将所有企业的生产过程实现同步运作,最大限度地减少由于不协调而产生的停顿、等待、过量生产或者缺货等方面的问题。因此,供应链构建的问题之一是如何构造适应供应链环境的生产计划与控制系统。

(三)供应链环境下的物流管理

与同步制造相呼应的是供应链管理下的物流组织模式。它的目标是如何寻找最佳的物流管理模式,使整个供应链上的物流管理能够准确响应各种需求(包括来自客户的需求和合作伙伴的需求等),真正体现出物流是"第三利润源泉"的本质。为此,在构建供应链时,必须考虑物流网络的优化、配送中心的选择、运输路线的优化、物流作业方法的选择与优化等方面的内容,充分应用各种支持物流运作管理决策的技术与方法。

(四)基于供应链的信息支持系统

对供应链的管理离不开信息技术的支持,因此,在设计供应链时一定要注意如何将信息融入整个系统中来。

二、供应链网络结构中的企业角色

供应链管理可以使相关企业群在很大程度上获益,可以降低成本、改善客户服务、减少社会库存、缩短响应周期、加快资金的周转、增强企业综合竞争实力,并使社会资源得到优化配置。同样的企业、同样的设施、同样的业务,实施供应链管理前后却有截然不同的效果,这说明供应链绝不是企业群体的简单组合,而是一个协调统一的有机整体。

在这个有机整体中,每一个企业都有着新的角色,它们不再单纯作为一个孤立的企业在市场中运作,而是作为供应链的一个组成部分,有了另一种角色定位。显然,了解企业在供应链中的角色定位,对供应链构建的设计及其管理有着十分重要的意义。

根据企业在供应链管理中的重要程度进行分类,可以分为以下几类。

(一)主体企业与客体企业

主体企业是指在供应链管理中占主动地位,对供应链的业务起主导作用,参与或退出都会使供应链产生明显改变,在本行业中也具有较强实力和行业地位,或者拥有决定性资源的节点企业。客体企业是指在供应链中起协作者的作用,处于被动响应角色的企业。

通常,客体企业又分为两种:内围企业与外围企业。内围企业是指主体企业虽无法完全控制但可以对其施加直接或间接影响的企业,主要指的是与主体企业直接打交道的企业。这些企业通常是主体企业的上下游节点,它们拥有独立的法人地位,与主体企业没有任何行政隶属关系,通常以各种契约形式与主体企业深度关联。外围企业则是指主体企业无法控制且对其影响力也较小的企业。

在供应链中,主体企业可以有一个,也可以有多个,多个主体企业形成主体企业群。

(二)核心企业与非核心企业

对整个供应链的业务运作起主导推动作用的,既能为客户提供最大化的附加值,又能帮助供应链上其他合作企业参与到新市场中的主体企业就是供应链的核心企业(core company),也称为链主。其他处于相对次要地位的企业称为供应链管理的非核心企业(non-core company),也称为链属。

卫星式供应链中,唯一的主体企业就是供应链的核心企业。在团队式供应链中,核心企业也是唯一的,却不是固定的。核心企业会随着供应链主要业务的变化、稀缺资源的转移、市场环境的演变等因素而变化,是动态的。根据核心企业在供应链中所处的位置和所起的作用,可将核心企业分为三类:作为制造商的核心企业、作为分销商的核心企业、作为供应商的核心企业。

（三）潜在企业

在供应链管理的环境下，还有一类企业，它们虽不是供应链体系内的节点企业，却具备供应链所要求的各种条件，自身也有参与供应链合作的意愿。一旦有机会，它们就会成为供应链上的新成员，或替代供应链上的其他节点企业，特别是替代没有特殊性的外围企业，这类企业就是供应链的潜在企业。潜在企业既是供应链的后备力量，也是供应链节点企业的竞争对手。供应链结构动态调整的过程中，潜在企业就是供应链中成员企业供应商、分销商的源和汇。

三、不同企业在供应链运行中的作用

在供应链上，扮演不同角色的节点企业具有不同的特征，对整个供应链的运作也有不同程度的影响，起到的作用也不同。

（一）主体企业在供应链中的作用

主体企业在供应链中担任协调主体的角色，也扮演了"中心"的角色。它对整个供应链的运作起着推动性作用，在促进节点企业提升实力、保持良好的商业信誉、加强知识积累等方面都有重要的影响。同时，它还担负着系统构建、客体企业选择等责任。

1. 主体企业在供应链构建中的作用

在供应链体系构建中，主体企业起着非常重要的作用。供应链的构建过程可以分为结构构建和文化构建两个层次。

（1）供应链结构构建。供应链结构构建主要包括目标确立、系统建模及合作伙伴的选择、组织设计、方案实施这四个显性的逻辑阶段。在目标确立过程中，主体企业基于创新意识，寻求新的市场机遇，并对机遇进行分析、评估以决定是否响应该机遇。在系统建模及合作伙伴的选择过程中，主体企业要在核心企业的组织下设计供应链运作过程模型和供应链节点企业模型，并开始对节点企业进行选择与评估。在组织设计过程中，主体企业依据已建立的模型、合作伙伴的参与方式和供应链的业务性质等因素，设计供应链的节点企业的具体组织形式，即各节点企业在供应链上的具体定位。方案实施过程是在主体企业的引导下，依照前述设计结果，实际组建供应链体系。

（2）供应链文化构建。供应链理念构建过程包括客体企业文化冲击、核心企业文化调整，以及供应链文化形成三个隐性的逻辑阶段。伴随着供应链结构构建的实施，主体企业对节点企业的企业文化带来冲击。在这一过程中，主体企业需充分引导价值体系的方向，从理念上整合供应链。节点企业文化受到冲击，在行为层会出现不适应的现象，从而产生供应链内冲突。主体企业需要调整自身的价值体系，使之更适应供应链体系的运作，再协助节点企业，特别是与主体企业关系紧密的内围企业更新观念。主体企业和节点企业融合的过程中，随着彼此之间的理解、接纳，逐步形成供应链共同的文化。

2. 主体企业在供应链运行中的作用

（1）组织结构调整中心。主体企业对供应链运作的一个重要影响就是进行组织结构调整。供应链的可持续发展，仅依靠由长期合同建立的合作关系是不够的，还要把供应链成员纳入统一的管理体系中,根据环境的变化和自身发展的要求,对整个供应链的组织结构进行实时调整。这就要求主体企业在其他节点企业的协助下,对整个供应链的业务流程和组织结构进行调整、优化,使得供应链的结构更趋合理化。

(2)信息交换中心。一体化的、协调的供应链具有强大的响应能力,能迅速响应市场要求。这是因为所有供应链节点企业能够共享业务计划、预测信息、库存信息、进货情况以及物流信息,整个供应链通过各种信息相连接,并以此信息协调所有供应链节点企业的活动。信息化是现代供应链的必由之路。要提供最佳的服务,实现最低的成本,保证供应链流畅、高效地运行,供应链体系必须有良好的信息处理和传输系统。

可是在实际运作中,却存在很大程度的"信息屏蔽"——出于各种考虑,供应链上的各节点企业很难做到开诚布公地共享信息。在这种情况下,作为供应链信息交换中心的主体企业所起的信息集成作用就显得十分重要了。主体企业不仅推动了供应链上信息处理和传输系统的构建,还身先士卒地在整个供应链中倡导信息共享的氛围。当然,信息共享的前提是企业间的信任,主体企业在营造诚信氛围时也起到重要作用。

(3)物流集散的"调度中心"。在供应链上,主体企业扮演了对物流集散、配送进行"调度"的角色:向相关节点企业适时发出物料需求指令或供货指令,以保证各个节点都能在正确的时间得到正确品种、正确数量的产品,既不造成缺货,又不造成库存积压,将供应链成本降到最低。

(4)多阶响应周期的控制中心。随着客户需求个性化、多样性与市场竞争环境不确定性的日益加剧,企业面临越来越大的生存压力。生产效率、产品质量、生产成本已不再是获得竞争优势的关键要素,供应链管理开始越来越多地关注时间因素,即如何快速、有效地响应市场需求。可以说,在当今社会,能快速响应消费者需求的供应链将会赢得竞争优势。

供应链管理环境下响应周期具有多阶性,即生产、物流、分销阶段在不同企业中形成的,但并不是各阶周期的简单叠加。供应链节点企业之间的合作存在一定的缝隙,使得各阶响应周期之间的衔接出现很大的时间上的浪费,而这种时间上的浪费远远大于各阶响应周期时间。这就需要一个在管理、技术等方面都有较大优势,且能对供应链整体运作进行建设性管理的企业对多阶响应周期进行整合管理。实际上,主体企业正是多阶响应周期的控制中心。主体企业在其他节点企业的协助下,对整个供应链的运作节奏、运作进度进行监督、调整,并帮助其他节点企业进行相应改进,使得供应链上的所有节点企业都能在同一节奏下运行,从本质上缩短多阶响应周期,从而提高响应市场变化的速度。

(5)供应链管理的文化中心。共同文化的凝聚力在供应链运作中起着举足轻重的作用。在供应链中,主体企业常常将企业文化作为连接节点企业的纽带。一个具有优秀企业文化的主体企业,可以通过自己的影响力,把企业的价值观辐射到节点企业中,形成供应链节点企业共同的价值观。在此基础上,将企业的价值观与供应链本身的特点相结合,进而形成整个供应链的文化。供应链文化一旦形成,便成为节点企业之间的黏合剂,使得供应链的向心力和凝聚力进一步加强。

(二)客体企业在供应链中的作用

供应链上的客体企业通常都处于协作者的地位,它们在供应链上一般是不具有主导性的。尽管如此,由于供应链是一个整体,一个节点出问题就会影响到其他节点的运作,进而影响到整个供应链的运行质量,因此不能忽视客体企业对供应链运作的作用。

1.优势的补充

供应链上的主体企业虽然具有相对优势,但毕竟不可能在任何方面都处于领先地位。主体企业只需在其最擅长的领域从事业务,而次要的或是不擅长的业务就由客体企业完成,这样供应链整体优势就得以完善,竞争力将进一步提高。

2.人才互动

供应链节点企业业务的侧重点不同,因此人才的知识结构也有所不同,通过整合这些人力资源,就可以提高供应链的创新能力。从事不同领域的客体企业为供应链聚集了各类具有不同知识的人才,主体企业与客体企业合作的过程中,由于知识的溢出效益,从而促进供应链创新,如供应商参与制造商的产品开发,可以开发出更适合材料特性的创新产品。

3.技术创新的协助

在技术创新过程中,存在许多重要程度不同的技术环节。可以将除核心技术之外的相关技术,分配给供应链客体企业来承担,这不仅有利于加快技术创新的速度,而且有利于综合各方面的技术优势,带来更具竞争力的创新成果。

第六讲　供应链构建的体系框架

第二节　供应链构建的设计和优化流程

一、基于产品的供应链设计策略

马歇尔·费舍尔教授提出了供应链的设计要以产品为中心的观点。供应链设计首先要明白客户对企业产品的需求是什么,产品的生命周期、需求预测、产品多样性、提前期和服务的市场标准等都是影响供应链设计的重要问题。供应链的设计必须与产品特性相适应,这就是所谓的基于产品的供应链设计策略(product-based supply chain design,PBSCD)。

(一)产品类型

产品分为功能性产品和创新性产品两种类型。功能性产品具有客户能接受的功能,能够根据历史数据对未来需求做出较准确的预测，产品比较容易被模仿，其边际利润低。与功能性产品相匹配的供应链应当尽可能地降低链中的运行成本，扩大市场占有率。因此，对于功能性产品，应采取效率型供应链。

创新型产品追求创新，不惜一切努力来满足客户个性化需求。这类产品往往具有独特的、能满足客户偏好的功能，由于创新而不易被模仿，因而其边际利润高，在产品供货中强调速度、柔性，甚至主动采取措施增加大量投资来缩短提前期。对创新性产品的需求是很难做出准确预测的，应采取响应型供应链，以速度、柔性获取高边际利润。当了解产品和供应链的特性后，就可以设计出与产品需求一致的供应链。如表 3-1 所示。

表 3-1　供应链设计与产品类型策略矩阵

类型	功能性产品	创新型产品
效率型供应链	匹配	不匹配
响应型供应链	不匹配	匹配

（二）基于产品的供应链设计步骤

基于产品的供应链设计步骤如图 3-1 所示。

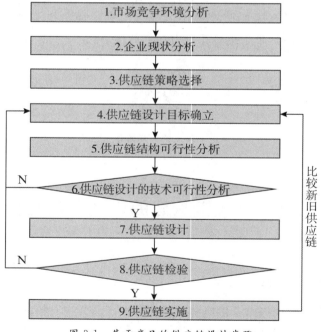

图 3-1　基于产品的供应链设计步骤

1. 市场竞争环境分析

分析市场竞争环境是要"知彼"，目的在于找到针对哪些产品市场开发供应链才有效，为此，必须知道现在的产品需求是什么，产品的类型和特征是什么。分析市场特征的过程要对客户和竞争者进行调查，如客户想要什么？他们在市场中的分量有多大？以确认客户的需求和竞争格局。这一步骤的输出是每一个产品按市场特征的重要性进行排序，同时对于市场的不确定性进行分析和评价。

2. 企业现状分析

分析企业现状是要"知己"。主要分析企业供需管理的现状(如果企业已经有供应链管理,则分析供应链的现状),这一个步骤的目的不在于评价供应链设计策略的重要性和合适性,而是着重于研究供应链开发的方向,找到、分析、总结企业存在的问题及影响供应链设计的阻力等因素。

3. 供应链策略选择

根据市场需求和产品特点,确定采用效率型供应链还是响应型供应链策略。

4. 供应链设计目标确立

主要目标在于获得高客户服务水平和低供应链运营成本两个目标之间的平衡(这两个目标往往有冲突),同时还应包括以下目标:进入新市场、开发新产品、开发新分销渠道、改善售后服务水平、提高客户满意度、降低成本、降低库存、提高工作效率等。

5. 供应链结构可行性分析

供应链中的成员结构可行性分析主要包括供应商、制造商、分销商、零售商及客户的选择及其定位,以及确定选择与评价的标准。包括质量、价格、准时交货、柔性、提前期(L/T)和批量(MQ)、服务、管理水平等指标。

6. 供应链设计的技术可行性分析

它在结构可行性分析的基础上,结合本企业的实际情况为开发供应链提出技术选择建议和支持。这也是一个决策的过程。结合企业本身和供应链联盟内(如设计公司、外包厂)资源的情况进行可行性分析,并提出建议和支持;如果不可行,则需要重新设计供应链,调整节点企业或建议客户更新产品设计。

7. 供应链设计

主要解决以下问题:供应链的成员组成(供应商、分销中心的选择与定位、计划与控制),原材料的来源(包括供应商、价格、运输等),生产设计(包括需求预测、产品品种、生产能力、供应给哪些分销中心、价格、生产计划、库存管理等),分销能力设计(如产品服务于哪些市场,运输、价格等),信息管理系统设计,物流管理系统设计等。

在供应链设计中,要广泛地应用到的工具和技术,如流程图、模拟和设计软件等,3PL的选择与定位,计划与控制,确定产品和服务的计划,运送和分配,定价等。设计过程中需要节点企业的参与交流,以便于以后的有效实施。

8. 供应链检验

供应链设计完成以后,应通过一定的方法、技术进行测试检验或试运行,如不可行,返回步骤 4 重新进行设计;如可行,就可实施供应链管理了。

9. 供应链实施

供应链实施过程中需要核心企业的协调、控制和信息系统的支持,使整个供应链成为一个整体,负责从工业设计到批量生产、物流等全方位的供应链协调、控制。

二、供应链优化流程

供应链运行一段时间之后,随环境的变化,供应链会出现不适应的情况,为了提高现有供应链运行的绩效,适应市场的变化,增加市场的竞争力,需要对企业的供应链进行优化与重构。通过供应链的重构,在精益、敏捷性、柔性等方面获得竞争优势,有学者和企业家对供应链的偏重于销售链(下游供应链)的重构进行了研究,提出了一些重构的策略,如供应商管理库存(VMI)、延迟制造(Postponement)等,在前人研究的基础上,提出供应链重构和优化模型,如图 3-2 所示。

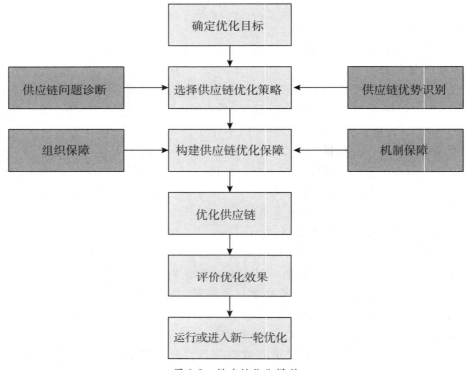

图 3-2 供应链优化模型

(一)确定优化目标

针对供应链运行中存在的问题,确立供应链重构和优化的目标,如缩短订货周期、提高客户服务水平、降低运营成本、提升智慧化程度等。

(二)选择供应链优化策略

对供应链进行更细化的诊断,进一步明确供应链的优势,判断供应链的瓶颈,根据客户需求、竞争水平、宏观环境的变化,选择供应链重构和优化的策略,如激进式或渐进式策略。

(三)构建供应链优化保障

选择了供应链重构与优化策略后,要构建供应链重构与优化保障,如组织保障和机制保障,组织保障是对供应链组织结构进行调整,以满足重构和优化的需要。机制保障是针对供应链诊断发现的问题,给予机制上的保障,如供应链成员之间的信息共享机制、利益分配机制、合作机制、沟通协调机制等。

(四)优化供应链

在完成前面的准备工作之后,对供应链进行重构和优化。

(五)评价优化效果

根据供应链重构与优化目标,对供应链重构与优化效果进行评价,了解存在的问题或成功的经验。

(六)运行或进入新一轮优化

评价效果良好就正常运行,否则进行下一轮优化。

三、重构弹性供应链

当今企业处于不确定、动荡的市场环境中,供应链的脆弱性成为企业头疼的大事。随着供应链越来越复杂,供应链风险也就越来越威胁到企业的生存和供应链的正常运作。企业只有通过构建弹性供应链才能更好地管理和应对风险。

(一)供应链弹性

供应链弹性(supply chain resilience)指的是供应链作为一个复杂的系统,在风险发生后能快速恢复到初始状态或者进化到一个更有利于供应链运作的状态的能力,而且还涉及如何在供应链中断的环境下比竞争者更好地重新定位。

(二)提高供应链弹性途径

对供应链而言,弹性体现在供应链中断后快速反弹的能力,比如快速恢复到之前的绩效水平(产量、服务水平、客户满意度等)的能力。

1. 增加冗余

理论上说,供应链企业能够通过设置冗余产能来提高弹性。如可以保持一定库存量、维持设备的利用率、选择多个供应商、准备备用的运输工具等,这些冗余资源都可以使得企业在供应链中断的过程中有足够的缓冲空间。但是增加这些冗余会带来经营成本的上升,所以通过增加冗余来提高供应链弹性时,需要全面权衡供应链的收益,再加以取舍。

2. 提高柔性

(1)采取标准化流程。供应链核心制造企业的生产工厂和供应商遍布全球,在零部件实现标准化的基础上,也需要实现全球产品设计和生产流程的标准化,需要得到多技能的员工的支持。如英特尔在全球建设标准化的生产工厂,包括车间布局和生产流程的标准化,这种标准化的生产设计使得英特尔可以快速地在不同工厂之间调整产量,及时应对不同区域产生的供应链风险。

(2)采用并行流程。对生产、分销、配送过程采用并行流程的模式可以帮助企业从供应链中断的冲击中快速恢复起来。如朗讯科技通过集成化的供应链组织来实现并行性,不同的职能部门分布在供应链中,企业可以同时观测不同职能部门的同步运作,快速评估不同运作流程的状态,从而可以在紧急事件发生时以协同的方式快速应对。

(3)采用延迟制造的生产组织方式。设置标准基础产品的模块,通过大量生产来降低成本。而对于消费者的个性化需求,则通过延迟制造的方式来实现,即接到消费者订单之后再生产,并且快速响应消费者的需求。如意大利服装制造商贝纳通,通过重新设计生产流程来推进延迟制造的措施,快速响应消费者的个性化需求。

(4)加强供应商关系管理。制造商的生产连续性依靠零部件供应商的及时准确供货,一旦供应商不能及时供货,会对制造商造成重大的影响,因此制造商需重视供应商关系管理。这里可以分为两个层面,一是与关键零部件供应商建立战略合作伙伴关系。通过利益共享、风险共担来巩固战略合作伙伴关系,制造商与供应商保持实时沟通,并实时掌握关键零部件供应商的运营状态,及时了解其可能存在的风险,从而可以及时采取措施来应对。二是加强对供应商网络的管理,一般来说,一个成品的供应商体系比较复杂,按照供应商的层级可以分为一级供应商、二级供应商、三级供应商等,要及时了解供应商网络的运营状态,以及时发现风险,及时采取应对措施。如路虎公司唯一的车身底盘供应商UPF-Thompson在2021年宣布破产,而路虎公司没有提前掌握到这家底盘供应商运行不佳的信息,以至于非常被动,不得不支付大量的资金来确保车身底盘的供应。

3.塑造良好的供应链文化

从海尔、丰田、戴尔、美国西南航空公司的成功中,可以发现,在供应链中断之后能够快速应对、快速恢复的核心企业,往往在供应链文化塑造方面有独到之处。一般来说,这些成功核心企业的供应链文化具有以下共性。

(1)高效沟通。供应链企业中,管理者与员工之间,员工与员工之间,高效的沟通对双方都有好处,对员工而言,高效的沟通可以帮助其更好地理解企业的战略目标。对于管理者而言,可以实时掌握企业的日常运行状态。如戴尔公司员工了解产品生产和运输方面的大量信息,当供应链风险发生时,员工根据掌握的情况及时分析,和管理者及时沟通,从而快速高效地应对供应链风险。

(2)充分授权。员工往往是发现或感知供应链风险的人员,得到授权后可以及时采取措施,从而可以高效地防范供应链风险。如丰田公司的总装线上有一个特定的警报按钮,任何一位员工在发现风险时都可以按下它,从而可以快速解决装配过程中出现的故障。给员工充分授权,可以有效地保证企业在供应链风险发生的第一时间就可以快速做出应对举措。

(3)保持激情。在很大程度上,核心企业的成功归功于充满激情的员工。美国西南航空公司通过愿景激励、爱心激励、竞争激励和利润共享来激发员工的激情,从而可以快速应对供应链风险,甚至可以避免供应链风险发生。

(三)构建弹性供应链的政策设计

根据王晶、曹杰(2022)的研究,我国需要在宏观层面做好政策设计。

1.做好前瞻性政策储备

首先,整理出我国战略性产品供应链清单。其次,分析出战略性产品供应链的优势和劣势。再次,对我国战略性产品供应链进行风险评估,详细分析战略性产品供应链的产品研发能力、生产能力、生产基地全球的布局情况、市场份额等,从而描绘我国战略性产品供应链全景图。最后,在全景图的基础上,本着扬长避短的原则,进行前瞻性政策储备。如基础研究政策、知识产权管理政策、国际贸易政策等。

2.出台统领性、系统性的弹性供应链政策

政策目标主要是提升自身供应链能力,如提升知识产权管理相关政策的比重,进一步激励创新,保证战略性产品的供应链自主可控,降低核心技术对海外市场的依赖。

3.提高政策的针对性

在弹性供应链政策实施的过程中,由于产品所属的行业不同,存在的供应链风险也不尽相同,因此政策要体现差异性。另外在政策实施的过程中,根据重要性和紧急性的先后顺序,分步骤实施,从而取得更好的政策实施效果。

(四)构建弹性供应链的框架设计

根据易海燕(2008)的研究,供应链的弹性包括柔性和敏捷性,可以从以下几个方面构建弹性供应链的框架。如图 3-3 所示。

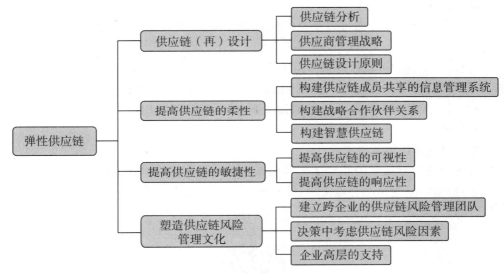

图 3-3　构建弹性供应链的框架

1.供应链(再)设计

传统的供应链设计的目标是提升客户服务水平和降低供应链运营成本,较少把弹性作为目标之一。随着外部环境的不确定性进一步提升,越来越多的学者认为在供应链设计的过程中要考虑弹性。具体而言,包括以下几个方面。

(1)供应链分析。对供应链网络结构进行分析,了解供应商、分销商等合作伙伴的数量、能力、地理分布等基本情况。运用因果图法和关键图径法来识别供应链中的瓶颈点和瓶颈路径。

(2)供应商管理战略。单源供应商,可以提高管理效率,但是存在巨大的供应链风险。供应链制定供应商管理战略时,可以适当考虑多源供应商,并和关键供应商建立战略合作伙伴关系,从而提升供应链弹性。

(3)供应链设计原则。一是制定供应链战略时,提前准备好备用的供应链战略,即正常时启用 A 供应链战略,供应链风险发生时启用 B 供应链战略,提前做好布局和谋划。二是在效率与冗余之间权衡。效率有利于降低供应链运营成本,冗余有利于提升供应链弹性,在对瓶颈点和瓶颈路径进行充分分析之后,平衡好效率和冗余,保证供应链的弹性。

2. 提高供应链的柔性

(1)构建供应链成员共享的信息管理系统。在供应链运行的过程中,供应链节点企业之间共享来自需求端的信息,实现供应链全流程信息共享,从而可以及时发现供应链运行中的风险点,及时采取措施进行防范。

(2)构建战略合作伙伴关系。供应链中的核心企业要主动和节点企业建立战略合作伙伴关系,实现利益共享、风险共担。

(3)构建智慧供应链。进一步加大供应链运行中 ABCDE(A 人工智能 Artificial intelligence、B 区块链 Block chain、C 云计算 Cloud、D 数据科技 Data Tech、E 边缘计算 Edge Computing)技术的应用,提升供应链的智慧化水平,从而实现供应链的弹性。

3. 提高供应链的敏捷性

供应链的敏捷性一方面可以快速响应消费者需求,另一方面可以快速响应外部环境的变化。

(1)提高供应链的可视性。指的是供应链上采购、生产、分销、物流、需求、计划全流程可视。可视性的重要基础包括供应链节点企业的真诚合作、流程优化、信息共享。

(2)提高供应链的响应性。通过优化的流程、短暂的提前期、短暂的非增值时间来提高供应链的响应性。

4. 塑造供应链风险管理文化

提升供应链管理绩效的重要工作是塑造供应链风险管理文化,以供应链中的核心企业为主导,塑造供应链风险管理文化,提升每个节点企业中员工的风险意识、强化风险管控行为、提升风险管理成效。

第七讲 供应链构建的设计和优化流程

 章节案例讨论 --

点"时"成金,得州仪器供应链优化升级

美国得州仪器公司是一家全球性的半导体公司,在全球超过 25 个国家设有制造、研发或销售机构,2003 年得州仪器的销售收入达 98.3 亿美元。20 世纪 90 年代以来,由于科学技术的进步和生产力的发展,经济日益市场化、自由化和全球化趋势,使得企业之间竞争变得越发激烈,企业面临缩短交货期、提高产品质量、降低成本和改进服务的压力。得州仪器作为一家历史超过 50 年,并且在世界主要大陆拥有制造和销售中心的制造型企业,如何协调遍布世界各地的工厂的采购、生产和销售,使它们能够整合在一个架构之下,

就像人体的各个部分一样即时协调工作,这是首先要解决的问题。得州仪器调查分析得到,在半导体工业中,全球化是获得市场竞争力、提高市场份额和商业回报的必然趋势。然而,对分布在不同国家的生产制造部门的供应链进行有效的管理却很难做到,这就使得管理者在开拓全球市场的同时要面对许多问题。

同时,半导体行业的特点是制造流程复杂,供应链长,而公司正在从商品驱动性很强的业务向客户定义型业务转变以适应社会的发展,但是公司现有的供应链系统已经不能够很好地支持这种转变,必须对供应链进行系统改革与优化,使公司能够在世界范围内将其运营实现最优化,使得生产部门能够提高对客户的响应时间,同时缩短产品到达客户的时间,降低产品的生产周期和减少库存。通过仔细的选择和分析,得州仪器最终选择了美商智佳科技公司(以下简称 i2)作为他们的合作伙伴。得州仪器公司利用 i2 的解决方案开展了新的供应链管理计划来优化全球的业务,其中包括了支持多种货币、运输成本管理,以及向多个供应商采购的多个订单、计算、进行供应商业绩分析功能,对交通工具租赁成本管理、运输路线及交付状态跟踪功能,利用计算机辅助商品货位查找及分配、商品的质量检验、仓库间商品调拨和配送功能,对商品的批次和保质期进行管理,以及为缺货的商品自动地产生配送调拨单或采购单,实现商品的自动补货功能。

供应链成功改革后,使得州仪器的晶片加工、成组测试部门以及产品配送中心可以协调工作,同时也缩短了产品规划周期和客户订货交付时间。供应链优化以后得州仪器公司利用以天为单位的系统代替了他们之前以周为单位的系统,进而转向连续规划系统,这使公司能够基于对企业在全球范围运营的认识,为下属公司根据销售计划制定工厂的开工计划。并且对一些个性化市场的客户需求做出最迅速的反应。由于缩短了生产周期、简化了生产流程,得州仪器公司降低了成本,找到了点“时”成金的方法。

资料来源:齐二石,方庆琯.物流工程[M].北京:机械工业出版社,2010.

思考:请你谈谈得州仪器是从哪几个方面入手完成了供应链的优化?

思考与练习

1.简述主体企业在供应链运行中的作用。
2.简述客体企业在供应链运行中的作用。
3.简述基于产品的供应链的设计步骤。

参考文献

[1] 李耀华,林玲玲.供应链管理[M].3 版.北京:清华大学出版社,2018.
[2] 李峻峰,张丽霞,伍瑛.供应链管理[M].长沙:湖南大学出版社,2014.
[3] 马士华,林勇.供应链管理[M].6 版.北京:机械工业出版社,2020.

［4］聂茂林,张成考,王春雨.论供应链管理中的系统观［J］.科技管理研究,2005(09)：171-173.

［5］王道平,鲍新.供应链管理教程理论与方法［M］.北京:经济管理出版社,2009.

［6］王鹏.供应链管理［M］.北京:北京理工大学出版社,2016.

CHAPTER ④

第四章

供应链运作的协调问题

学习目标：

通过本章学习，了解常见的供应链不协调现象及产生原因、掌握提高供应链运行协调的办法、掌握供应契约概念以及作用、熟悉供应契约参数以及供应契约分类。

知识目标：

(1)了解供应链不协调的现象以及其对应缓解方法。

(2)理解供应契约的概念以及作用。

能力目标：

(1)掌握供应链不协调现象在实际中的表现。

(2)学会运用适当的办法解决供应链不协调问题。

素养目标：

(1)提高发现问题、分析问题、解决问题的素养。

(2)能够从多维度思考供应链失调问题及其解决方法。

知识结构思维导图

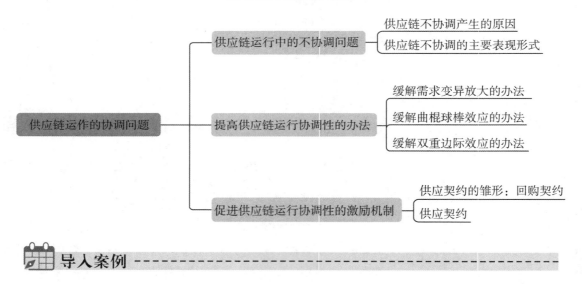

导入案例 -

从啤酒生产商看需求变异放大现象

20世纪80年代，美国南方的一个小镇上，当地的居民喜欢在下班后到酒吧喝酒。酒吧老板们每天从零售商那里进货，当啤酒销量低于某一个数量的时候，就开始订货，补足到库房能容纳的数量。他们按照这种进货方式经营，一直没有出现什么问题。有一天，酒吧的客人开始争相喝一种啤酒，库存不足导致脱销。酒吧老板紧急向零售商加订平时需求量的20%，但仍然不能满足大家对啤酒的需求，第二天，老板不得不再加大订量到平时需求量的1.5倍。因为制造商不可能马上增加产量，制造商在两周以后才开始加班订货、生产、运输和配送，但怎么增产，也不能满足需求。而经销商们不愿意丧失千载难逢的大好销售时机,仍然加大增订的量,酒吧老板也开始要求增加150箱,甚至200箱! 但啤酒总是迟迟不能按照订量到达,这样的情况维持了整整8个星期。突然有一天,酒吧的客人不再喜欢啤酒,销量骤然跌回原来的水平。恰在这时,酒吧老板前几周加订的啤酒都给补足了,酒吧老板的库房都装不下了,与此同时,啤酒生产商的库存增加得更多。

资料来源:张雪梅,冯帅,吕秋颖.供应链中牛鞭效应成因及对策研究——基于"啤酒游戏"的视角[J].大庆师范学报,2015,35(05):46-49.

思考:请你根据案例思考需求变异在供应链中有怎样的特征? 你有什么好的解决办法吗?

第一节 供应链运行中的不协调问题

供应链的协同管理是为了保证供应链协同运作,使整体供应链的效益最大化。供应链不协调产生的原因有两类,一类是目标不一致,如果供应链的每一个阶段只追求各自目标的最优化,而未考虑对整条供应链的影响,就会导致供应链失调,从而使供应链总利润低于协调时可以达到的水平。供应链的每一个阶段在追求自身目标最优化的过程中所采取的行动,最终损害了整条供应链的运营业绩。另一类,供应链内发生的信息扭曲也会导致失调。

一、供应链不协调产生的原因

(一)目标冲突引起的供应链不协调

如果供应链环节属于不同的节点企业,目标有可能发生冲突。因为每个环节都努力追求自身利益的最大化,这样会导致失调,从而使得整体供应链绩效降低。在这里所说的环节,主要解决的是采购、库存、生产、运输和分销之间的协调,因而每个阶段的最优化目的都有可能相冲突。如,在采购环节,管理者希望通过大量采购或提前采购而从制造商处获得数量折扣,但是这种采购方式却引起库存的增加;而对于分销环节的运输工作,制造商希望通过运输的规模经济来降低运输成本,由此却引起了库存成本的上升和顾客服务水平的下降。但如果各环节在最优化自身的计划时,并未与其他环节进行必要协商,会出现供应链不协调。

(二)信息的不对称性造成的供应链失调

由于完整的信息在各个环节之间无法共享,所以信息在不同环节传递时,就会发生扭曲。而这种扭曲又由于供应链产品的多样性而夸大。宝洁公司在研究"尿不湿"的市场需求时,发现随着时间的推移,公司发给供应商的原材料订单波动幅度很大,但一到供应链下游——零售商销售这一阶段,这种波动幅度尽管存在,但已经很小。

二、供应链不协调的主要表现形式

(一)需求变异放大

需求变异放大是当供应链上的各级供应商只根据来自其相邻的下级销售商的需求信息进行供应决策时,需求信息的不真实性会沿着供应链逆流而上,产生逐级放大的现象,到达最源头的供应商时,其获得的需求信息和实际消费市场中的顾客需求信息发生了很大的偏差,需求变异系数比分销商和零售商的需求变异系数要大得多。这种现象反映出需求在供应链上的不同步,如图 4-1 所示,反映了需求变异放大的原理过程。如果将供应链上不同环节的订单信息变化曲线从零售端到供应商端依次首尾相连,连接起来的图形与美国西部牛仔使用的赶牛长鞭相似,故也被形象地称为"牛鞭效应"。

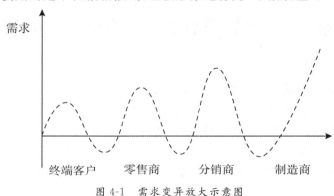

图 4-1　需求变异放大示意图

1. 需求变异放大现象最初的发现

需求变异放大现象最先由宝洁公司(P&G)发现。宝洁公司在一次考察该公司最畅销的产品——一次性尿布的订货规律时,发现零售商销售的波动性并不大,但当他们考察分销中心向宝洁公司的订货时,吃惊地发现波动性明显地增大了。有趣的是,他们进一步考察,宝洁公司向其他供应商(3M 公司)订货时,发现他们的订货波动性更大。需求变异放大效应是需求信息扭曲的结果,实际的销售量和订货量之间存在着差异,实际的销售量与订货量不同步。在供应链中,每一个供应链的节点企业的信息都有一个信息的扭曲,这样逐级而上,即产生信息扭曲的放大。

早在 1961 年,弗雷斯特(Forrester)就通过一系列的实际案例揭示了这种工业组织的动态学特性和时间变化行为。在库存管理的研究中,斯特曼(Sterrman)在 1989 年通过一个"啤酒分销游戏"验证了这种现象。在实验中,有四个参与者,形成一个供应链,各自独立进行库存决策而不和其他的成员进行协商,决策仅依赖其相邻的成员的订货信息作为唯一的信息来源。斯特曼把这种现象解释为供应链成员的系统性非理性行为的结果,或"反馈误解"。

2. 需求变异放大现象产生原因

1994—1997 年美国斯坦福大学的李教授(Haul. Lee)对需求放大现象进行了深入的研究,把其产生的原因归纳为 4 个方面:需求预测修正、订货批量决策、价格波动、短缺博弈。

（1）需求预测修正

需求预测修正是指当供应链的成员采用其直接的下游订货数据作为市场需求信号时，即产生需求放大。作为库存管理人员，需要决定向供应商订货时，可以采用一些简单的需求预测方法，如指数平滑法。在指数平滑法中，未来的需求被连续修正，这样，送到供应商的需求订单反映的是经过修正的未来库存补给量，而修正的库存往往大于真实的需求。

（2）订货批量决策

订货决策指两种现象，一种是周期性订货决策，另一种是订单拉动。周期性订货是指当公司向供应商订货时，不是来一个需求下一个订单，而是考虑库存的原因，采用周期性分批订货，比如一周、一月订一次。订单拉动订货决策是根据订单来决定订货决策。

（3）价格波动

价格波动反映了一种商业行为："预先购买（Forward Buy）"，价格波动是由于一些促销手段造成的，如价格折扣、数量折扣、赠票等。这种商业促销行为使许多推销人员预先采购的订货量大于实际的需求量。因为如果库存成本小于由于价格折扣所获得的利益，销售人员当然愿意预先多买，这样订货没有真实反映需求的变化，从而产生需求放大现象。

（4）短缺博弈

短缺博弈是指这样一种现象：当需求大于供应量时，理性的决策是按照客户的订货量比例分配现有的库存供应量。比如，总的供应量只有订货量的 50%，合理的配给办法是让所有的客户获得其订货的 50%。此时，客户就为了获得更大份额的配给量，故意地夸大其订货需求，当需求降温时，订货又突然消失。

（二）曲棍球棒效应

在供应链上成员企业合作实现供需活动过程中，存在一种被称为"曲棍球棒"的现象，即在一个固定的销售周期里，销售量在前期时非常低，然而到了周期末时，销售量突然出现一个爆发性的增长，而且这种现象会在供应链上供需活动中所有的周期里周而复始地出现，其需求曲线的形状就像一个曲棍球棒，故称曲棍球棒效应。如图 4-2 所示。

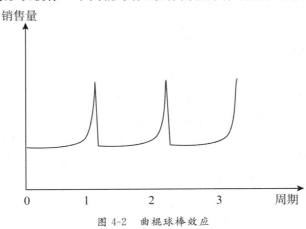

图 4-2　曲棍球棒效应

1. 曲棍球棒效应产生原因

第一是企业对分销商的总量折扣的促销政策。企业管理者为了促使分销商长期购买本企业的产品,在与分销商进行合作时,普遍会采用总量折扣的价格策略,即分销商在一个月内的订货总量达到或者超过双方事先约定的数量(通常超出比较高),企业会给分销商额外的返点奖励,结合实证研究和案例分析发现,这种促销方式是造成曲棍球棒现象的一个重要原因,甚至可以认为是该现象产生的根源。

第二是销售人员的周期考核。企业对销售人员的周期性考核及奖励政策也会造成这种需求扭曲的现象。例如按照月考核,企业通常会对销售人员规定一个销量目标,如果在这个月里销售量超过这个目标,销售人员就会得到相关奖励;相反,就会得到相应的惩罚。通常情况下,在周期初的时候,企业的销售人员对产品销售数量不太关注,但是要到周期末的时候,如果离企业规定的销售目标有一定的距离,他们就会拼命地推销产品,以期在周期结束的时候达到规定的目标。当销售人员都拼命地推销产品时,这个周期的销售量就会增加非常的多,这种情况下自然而然地就形成"曲棍球棒"现象。

2. 曲棍球棒现象产生的危害

第一,管理成本增加。因"曲棍球棒"现象造成的需求订单提前或滞后等问题,会给供应链上的渠道网络带来需求信息和物流的扭曲,从而给生产和物流运作带来很多浪费。

第二,供应链经营崩溃。供应链上制造商为了月底冲销量,在周期末时给分销商压货而达到企业规定的目标,这种压货的做法,对供应链而言只是链上库存的转移并不是实际的销售,但制造商的销售数据却增加了,从而给下个周期下达更高的目标。这样就形成了一个恶性循环,最终会导致供应链的崩溃。

第三,企业实际销量不增加,但奖金支出增加。"曲棍球棒"现象与销售薪酬结构相关,销售人员不用心踏实做事,却挖空心思,通过压货多拿奖金。例如供应链上某成员企业的销售队伍薪酬是由底薪、佣金、奖金三部分组成。薪酬条例规定:①基本佣金:达到30万元销售额,给予奖励500元/月。②销售奖金:多出30万元的销售目标,则按照实际销售额的10%给予提成。③每月考核一次,下月发放。假如第一个月的销售额为10万元,第二个月为50万元,其结果是销售员可以在第二个月拿20500元奖金。如果他这两个月都是30万元的销售业绩,他就只能拿1000元的奖金。销售人员玩一下销售数字游戏就可以多拿19500元,对供应链而言总体销量不变即利润不变,而支出成本变大了。

(三)双重边际效应

最早对双重边际效应进行研究的是美国的经济学家Spengler(1950)。Spengler指出双重边际效应是由于供应链上某个节点企业只考虑自身利益最大化,其私自的管理决策给供应链上其他成员企业带来的不经济,导致了供应链整体的不经济。

"双重边际效应"是供应链上成员企业为了谋求各自利益最大化,在出于自身完全理性决策的过程中确定的产品价格高于其生产边际成本的现象。例如在一个二级供应链上,供应链上零售商为了获得更多的收益,便要求其库存水平维持成本最低,避免因过多货物卖不出而给自己造成巨大经济损失,故而要求制造商提高配送频率。同时,零售商会提高产品零售价格以便自己可以通过售卖小批量的货物来获得更多利润。而在制造商处配送方面,其为降低库存维持成本和生产周期成本总和,会有一个局部最优配送频率。同时,制造商希望零售商降低产品售卖价格来提高市场所占的比重,以便自己可以大批量生产来降低自己的生产成本。双重边际效应如图 4-3 所示。

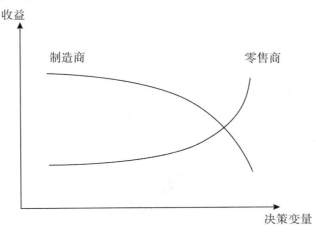

图 4-3　双重边际效应

1. 双重边际效应产生原因

(1)供应链上成员企业为了追求自身利益最大化。供应链上各个成员企业在制定自身的营运目标时,都是依据自身企业的经营情况为参考,很少考虑到供应链上其他成员企业的目标以及供应链的整体目标。这种追求自身利益最大化的管理决策,造成并加剧了供应链上各个成员企业之间的利益冲突,导致了供应链上需求管理中出现了"双重边际效应"。

(2)供应链上各个成员企业信息不对称。在供应链上传统的供需合作过程中,各个成员企业不会完全共享自身的信息。在这种不对称信息的条件下,供应链上成员企业在决策时不知晓链上其他成员企业的经营状况,从而有可能会定下不利于其他企业的经济决策,致使供应链整体不能达到收益最优和各个成员企业合作共赢的目的,造成了"双重边际效应"。

(3)供应链上成员企业相互间缺乏信任。供应链上成员企业在供需合作过程中相互之间缺乏信任,生怕其他企业泄露自身的商业秘密,并各自为政,忽略了沟通交流,致使在供需合作时未能达成一个合作共赢的愿景,最终造成了"双重边际效应"。

总而言之,供应链上"双重边际效应"产生的最根本原因是供应链上成员企业分散决策造成的。供应链上的分散决策是指供应商、制造商、分销商和零售商等各个节点企业在决策时通常仅从自身利益最大化出发,而不考虑其他成员的利益和供应链整体绩效。

2. 双重边际效应的危害

(1)生产环节单独决策的危害。生产时单独决策,制造商在生产时,为降低企业的生产成本,便私自大批量生产,然而市场需求却远远小于制造商供给,这样就造成了大量的多余库存,制造商为了避免库存管理成本过多便要零售商来分担其中的库存。由于产品市场已到饱和,零售商处大量产品无法销售,最终只有降价抛售,来弥补亏损。

（2）销售环节单独决策的危害。销售时单独决策，零售商为了获得更多利润会私自提高产品零售价格，而产品的零售价格直接影响产品的销量，产品价格提高，其需求量就会下降。需求量的下降直接导致了制造商生产了大量的多余库存，极大地占用了企业的生产成本和库存成本，造成了制造商的亏损。而制造商则会提高产品的订货价格来弥补损失，订货价格的提高又会直接损害零售商的利益，于是，零售商和制造商之间的恶性循环就形成了，最终会导致整个供应链的崩溃。

在供应链上传统需求管理中，需求信息扭曲引发的现象比较普遍。其中最关键的原因就是供应链上成员企业需求信息不共享，各自的信息不对称。供应链不协调的三种主要表现形式，需求变异放大现象、曲棍球棒效应、双重边际效应皆是在这样的情况下出现的，所以实现需求信息共享已成为供应链上提高运行协调性的主要措施。

第八讲　供应链运行中的不协调问题

第二节　提高供应链运行协调性的办法

一、缓解需求变异放大的办法

（一）提高预测的精确度

提高预测的精确度需要分析历史资料、季节性因素、促销因素、客户需求等因素，加强企业和消费者的沟通，建立新型的客户关系。通过互联网，企业和客户可以进行互动的交流，缩短企业和客户的距离，便于企业了解客户的需求和趋势，因此企业做出的需求预测准确度高。而且上游企业也能够和客户共享所得的资讯，对下游企业的订单需求进行评估判断，采取上下游间分享预测数据并使用相似的预测方法进行协作预测，来提高预测的准确性，这就有效地缓解了"需求变异放大"。

（二）实行 VMI 库存控制

VMI 管理系统是指由供应商管理客户库存，是连续补货的方式之一。所谓"连续补货"是制造商与零售商建立伙伴关系，两者共享零售商的库存数据和销售信息及目前的存货水准，供应商根据这些数据和信息，再依据预先制定的存货水准对零售商进行补货的过程。在连续补货的环境下，制造商不再是被动地执行零售商的订单，而是主动地为零售商补货或提出建议，以降低补货成本，提高供货速度和准确性，降低库存水平。

(三)改善销售人员激励机制

如果能够减少那些会诱导销售人员将产品推销给零售商的激励机制,那么我们就可以降低需求变异放大。如果对销售人员的激励以滚动周期内的销售量为衡量标准,那么将产品推销给零售商的动机就会减弱,从而有助于减少超前采购量及由此引发的订单规模波动。此外,管理人员还可以采取另一种措施,即把销售人员的激励与零售商售出的产品结合起来,而不是与推销给零售商的销量挂钩。

(四)配置前期销售量从而限制投机

为了缓解需求变异放大,我们可以运用周转赢利方案,按照零售商的前期销售量而不是当期订购量,为零售商配给产品。将配给与前期销售量相结合,避免了零售商人为地扩大订单规模的行为。实际上,在低需求期,"周转赢利"方案促使零售商千方百计地售出更多的产品,以增加其在短缺时期得到的产品配给量。

二、缓解曲棍球棒效应的办法

(一)总量折扣与部分产品定期降价相结合

为消除价格折扣导致的曲棍球棒现象,李效良教授等人建议的最佳方法就是宝洁公司的天天低价策略。但由于商业模式的惯性以及市场的不成熟,目前在快速消费品行业,基于总量价格折扣的方式依然盛行,少有企业采用天天低价的策略。为缓解曲棍球棒现象,平衡物流,企业可以采用总量折扣和定期对部分商品降价相结合的方式。假定企业向分销商提供两种规格的产品,当分销商的两种产品月累计订货量达到一定数量之后,企业可以根据该数量向分销商提供一定的总量折扣政策。在运用该政策时,企业可以适当降低返利率,然后在考核周期初期降低其中一种产品的价格,在中期再将其价格调高。在这种策略下,分销商为了投机,会在期初多订降价产品,而在期末为了拿到返利增加对另一种产品的激活,期中则正常补货。那么,此时订货量将变得相对均衡,从而缓解企业库存的周期性曲棍球棒现象,使得销售物流更加平稳,减轻企业的库存以及物流压力,进而提高物流运作的效率以及效益。

(二)改善销售人员的激励措施及考核方式

为缓解因销售人员周期考核造成的曲棍球棒效应的影响,企业可以通过改善销售人员的激励措施以及考核方式,从而缓解企业出货中的曲棍球棒现象。企业通过延长考核周期可以减少曲棍球棒现象出现的频率,通过缩短考核周期可以降低出库的波动幅度。除此之外,改善销售人员的奖励政策,能够减少周期末时,销售人员为了完成企业产品销售目标而拼命推销产品的现象,从而一定程度上平衡整个周期的销售量,缓解曲棍球棒现象。

三、缓解双重边际效应的办法

(一)激励机制与目标保持一致

供应链的各成员企业应保持激励机制与目标的一致性,使得供应链的每一个成员企业都以供应链的总利润最大化为原则目标,同时供应链的核心企业承担其责任并发挥其核心作用,协调好供应链成员的激励机制与目标的一致性。例如,在供应链成员企业的独立定价中,整体的供应链的最优订购量明显低于集中供应链的最优订购量,整个供应链的期望利润明显低于集中供应链的期望利润,存在"双重边际效应",供应链在考核工作人员的绩效时,可以适当地考虑增加供应链的效率值与供应链的订购,有助于工作人员考虑整体供应链的目标,从而能够减弱"双重边际效应"的影响。

(二)通过信息共享减少不确定性

信息的共享能够降低供应链的运营成本,给供应链上各成员企业都带来利益上的好处,同时也能够提高供应链的有效性与绩效水平。通过信息共享,减少信息的失真,能够有效地减弱"双重边际效应"和"牛鞭效应"的危害,同时提高供应链的协同和整体竞争力。现代信息技术的发展给供应链企业的信息共享提供了多种有效的信息传递渠道,能够实现在一个统一的信息平台中,供应链的所有成员企业能够共享供应、生产、销售、运输、仓储、订货、配送的信息,能够实现供应链的无缝对接,通过信息共享减少不确定性。

(三)构建合作伙伴关系和信任机制

构建合作伙伴关系和信任机制,从根本上就是减弱和消除供应链不协调的因素,缓解"双重边际效应",同时,这种合作伙伴关系本身就是一种协调机制,合作伙伴关系和信任机制的构建,也是实现激励机制与目标的一致性、信息共享、契约协调的基础。

(四)利用供应契约协调优化

双重边际效应产生的影响可以通过供应契约缓解。所谓供应契约,是指通过提供合适的信息和激励措施,保证买卖双方协调、优化销售渠道绩效的有关条款。它通常提供一些激励以调整供应链的成员关系来协调供应链,使分散的供应链的整体利润与一个集中的系统下的利润尽量相等。即使达不到最好的协调与集中系统下的利润完全相等,也可能存在帕雷托(Pareto)最优解(即每一方的利润至少不比原来差)。供应契约具有多种模型,将在下面进行具体介绍。

第三节　促进供应链运行协调性的激励机制

一、供应契约的雏形:回购契约

假设制造商生产的产品按 122 元/件批发给零售商,该产品的市场零售价为 200 元/件,如果零售商订货数量超过销售量时,未售出的产品按 18 元/件残值处理掉,制造商的生产成本是 40 元/件,该产品的市场需求分布如表 4-1 所示。

表 4-1　市场需求概率分布

需求量（件）	概率
300	0.00
400	0.01
500	0.04
600	0.10
700	0.20
800	0.25
900	0.22
1000	0.12
1100	0.05
1200	0.01
1300	0.00

产品销售的模式为经销模式，即制造商以批发价销售给零售商之后，商品的所有权从制造商转移到零售商，因此，制造商不关心零售商能否把产品销售出去，因此，零售商存在购买了产品，但最终销售不出去的风险，因此，零售商在向制造商订货时，会考虑自己的这种风险。如果零售商多订的一件产品销售出去了，期望收益为 $200-122=78$ 元，反之，期望损失为 $122-18=104$ 元。此时，零售商的期望收益小于期望损失，倾向于少订货，为了鼓励零售商多订货，制造商可以制定基于回购契约的激励机制。在上述例子的基础上，通过提高回购价格来激励零售商，假如将回购价格从 18 元提高到 78 元，期望收益为 $200-122=78$ 元，期望损失为 $122-78=44$ 元。此时，期望收益大于期望损失，零售商倾向于多订货。

二、供应契约

供应契约不仅可以缓解双重边际效应，还可以缓解其他供应链不协调的现象，是供应链激励机制的重要手段。

（一）供应契约概念

契约也称合约、合同或协议，是在现代社会中广泛使用的一个范畴。在法律意义上，契约就是一个或一组承诺，法律对契约的不履行给予救济或者在一定的意义上承担履行义务。供应契约（Supply Contract）是指通过提供合适的信息和激励措施，保证买卖双方协调，优化销售渠道绩效的有关条款。供应链是明显规定了供应链各节点之间关系、协调供应链结构的一种机制。在供应链契约的约束下，供应链会达成协作，即使供应链达不到最好的协作，也可能存在帕累托（Pareto）最优解，保证每一方的利益至少不比原来的差。

（二）供应契约的参数

供应契约本质上是一种激励机制，供应契约通过改变供应链的激励结构，而使供应链达到协调运作状态。大多数供应契约研究认为,供应链是由多个不同的利益主体构成的。每个利益主体的决策出发点都是使自己的利益最大化。这样就可能对供应链的总体绩效造成损害。因此主张通过设计不同的供应契约来建立一种协调机制,即通过向供应链上的所有成员提供激励,以使他们的分散决策更有利于供应链总体绩效的最优化。

关于供应契约参数主要有以下几种。

1. 决策权的确定

在传统合作模式下,契约决策权的确定并不是一个非常重要的因素,几乎每个企业都有自己的一套契约模式,并且按照该模式进行日常的交易活动。但是在供应链环境下,供应契约决策权的确定却发挥着相当重要的作用,因为在供应契约模式下,合作双方要进行风险的共担以及利润的共享。

2. 价格

价格是契约双方最关心的内容之一,价格可以表现为线性的形式(按比例增长或者下降)或者非线性的形式。合理的价格使得双方都能获利。卖方在不同时期、不同阶段都会有不同的价目表,一般都会随着订货量的增大和合作时间的延长而降低,以激励买方重复订货。

3. 订货承诺

买方一般根据卖方的生产能力和自身的需求量提出数量承诺。订货承诺大体有以下两种方式:一种是最低购买数量承诺,另外一种是最低购买价值承诺。对于单个产品,最小数量承诺意味着买方承诺其累积购买量必须超过某特定数量,即最低购买数量;对于多品种产品,进行最小数量承诺则要求购买金额要超过某最低量,即最低购买价值承诺。

两种承诺方式有着明显的区别。从一定意义上说,前者给出总需求量,有利于卖方做好整个契约周期内的生产计划,然而一旦市场发生变化,绝大部分的市场风险便转移到卖方身上。后者则要求买方在各个期初给出当期的预计订货量承诺,进行了风险共担,使得卖方的风险有所降低,同时也迫使买方加强市场决策的有效性。

4. 订货柔性

无论什么时候买方提出数量承诺,卖方一般都会提供一些柔性,以调整供应数量。契约会细化调整幅度和频率。这种柔性包括价格、数量以及期权等量化指标。这样一方面卖方在完成初始承诺后,提供(或不提供)柔性所决定的服务补偿;另一方面买方也从中获得收益,当市场变动影响其销售时,就可以使用柔性机制来避免更大的损失。同时柔性也提供了强有力的约束,使合作双方在契约执行过程中,更多地考虑到自身利益,改善经营,从而使两者从长期角度都受益。

5. 利润分配

在设定契约参数的时候,利润的分配原则通常是企业协商的重点。那么,在高度合作的情况下,如何既能够维护合作双方自身的经济利益不受侵害,又尽可能努力扩大渠道利润,就成了利润分配所要考虑的问题。

6. 退货方式

从传统意义上讲,退货似乎对卖方很不利,因为它要承担滞销产品带来的风险和成本。但事实上,实施退货政策能有效激励买方增加订货,从而扩大销售额,增加双方收入。从某种意义上讲,如果提高产品销售量带来的收入远大于滞销产品所带来的固定成本,或者买方有意扩大市场占有率,退货政策给卖方带来的好处远远大于其将要承担的风险。

7. 提前期

在质量、价格可比的情况下,提前期是买方关注的重要因素之一。同时,提前期导致需求信息的放大,产生牛鞭效应,这对卖方而言也很不利。因此有效地缩短提前期,不仅可以降低安全库存水平,节约库存投资,提高客户服务水平,很好地满足供应链时间竞争的要求,还可以减少牛鞭效应的影响。

8. 质量控制

在供应链的采购管理中,质量控制主要是由供应商进行的,企业只在必要时对质量进行抽查。因此,关于质量控制的条款应明确质量职责,还应激励供应商提高其质量控制水平。对供应商实行免检,是对供应商质量控制水平的最高评价。契约中应指出实行免检的标准,和对免检供应商的额外奖励,以激励供应商提高其质量控制水平。

9. 激励方式

对节点企业的激励是使节点企业参与供应链的一个重要条件。为节点企业提供只有参与此供应链才能得到的利益是激励条款必须表现的。此外,激励条款应包含激励节点企业提高质量控制水平、供货准时水平和供货成本水平等内容,因为节点企业业务水平的提高意味着业务过程更加稳定可靠,同时费用也会随之降低。

一般而言,有以下几种激励模式:①价格激励;②订单激励;③商誉激励;④信息激励;⑤淘汰激励。

10. 信息共享机制

供应链企业之间任何有意隐瞒信息的行为都是有害的,充分的信息交流是基于供应链的运行管理良好运作的保证。因此,契约应对信息交流提出保障措施,例如构建完善的供应链信息系统,明确信息共享的原则,确立节点企业信息共享的权限。

(三)供应契约分类

1. 质量担保契约(quality contract)

质量问题构成了零售商和制造商的谈判的主要问题。制造商知道自己生产质量水平,拥有信息优势,而零售商却处于信息劣势。

由于信息不对称,会产生两个问题:第一,制造商由于不具备提供某种质量水平的能力,可能会做出错误的质量承诺,零售商不能正确辨认制造商的能力于是产生了错误选择的问题;第二,制造商可能存在恶意的欺骗行为,导致了严重的道德问题。为了保证零售商和制造商自身的利益不受侵犯,并保证供应链绩效最优,签订契约的谈判双方必须在一定程度实现信息共享,明确质量激励措施和质量惩罚措施。

当质量担保契约在供应商和制造商之间签订时,也会出现上述两类问题,为了缓解这些问题,可以签订质量担保契约,而免检是对供应商的最高奖励。

2. 备货契约(backup contract)

零售商和制造商通过谈判后,双方拟订契约为零售商提供一定的采购灵活性。备货契约的流程为:零售商承诺在销售旺季采购一定数量的产品,制造商按零售商承诺数量的某一比例为其保留产品存货,并在销售旺季到来之前发出所预存的产品。在备货契约中,零售商可以按原始的采购价格购买制造商为其保留的产品,并及时得到货物,但要为没有购买的部分支付罚金。

3. 数量折扣契约(quantity discount contract)

按契约规定,在一定时期内,供应商根据零售商承诺购买的数量,按照一定的比例对价格进行调整。

数量折扣契约在实际交易中非常普遍,通常使用的方式有两种:全部单位数量折扣和边际单位数量折扣。使用前者时,制造商按照零售商的购买数量,对所有产品都给予一定的价格折扣;而后者只对超过规定数量的部分给予价格折扣。

4. 最小购买数量契约(minimum purchase contract)

零售商在初期做出承诺,将在一段时期内至少向制造商购买一定数量的产品。通常制造商根据这个数量给予一定的价格折扣,购买产品的单位价格将随着数量的增加而降低。这种契约在电子产品行业尤为普遍。

最小购买数量契约与数量折扣契约有些类似,所不同的是,前者需要做出购买数量承诺,这种承诺并非一次性的,也可以是一段时期或者一个年度内的购买数量总和。

5. 数量柔性契约(quantity flexibility contract)

交易双方拟订契约,规定了每一期内零售商订货量的波动比率。使用这种契约时,零售商承诺一个最小购买数量,然后可以根据市场实际情况,在最低和最高订货范围内选择实际的订货量。按照契约规定,制造商有义务提供低于最高采购上限的产品数量。

6. 带有期权的数量柔性契约(flexibility quantity contract with option)

在这种契约模式下,零售商承诺在未来各期购买一定数量的产品,同时它还向制造商购买了一个期权,允许零售商可以在未来以规定的价格购买一定数量的产品,从而获得了调整未来订单数量的权利。

7. 回购契约(buyback contract)

契约规定,在销售季末,零售商可以一定的价格把未售出的产品全部退还给制造商。回购是一种在不确定需求系统协调中常见的契约方式,既是一种风险分担机制,又能起到激励订购的作用。适于生产周期长而销售季节较短的时令商品市场(如服装、书籍等)。

8. 削价契约(markdown contract)

这是改进的回购契约,制造商为了避免零售商将未售出的产品返还给自己,采取一定的价格补贴措施,激励零售商继续保留那些未售出的产品。价格补贴虽然对制造商来说实施起来比较方便,但可能会给予零售商以套利的机会,因此必须建立在买卖双方充分信任的基础之上。广泛应用于 IT 产品的销售中。

9. 收入共享契约(revenue sharing contract)

在这种契约中,制造商拥有货物的所有权,决定批发价格,而收入共享的比例则由零售商决定。对于售出的产品,零售商根据事先确定的收入共享百分比,从销售收入中扣除自身应当享有的份额,然后将剩余部分给制造商。

(四)供应契约作用

1. 降低"牛鞭效应"的影响

供应链的信息失真导致了"牛鞭效应",这种放大的效应对于供应链企业具有非常大的危害。供应契约可以很好地降低"牛鞭效应"的影响,主要表现为:供应契约的签订降低了供应链中的库存。由于供应契约同时具有柔性和相对稳定的优点,所以在供应链中,每个企业不必像以前那样维持较高的安全库存。

企业之间签订了供应契约,一方面下游企业对上游企业的需求数量趋向于固定,即使有变动也是在供应契约的柔性范围内,对供应和需求的影响不大。这样上游企业不必对下游企业的需求进行预测,从而避免了信息在整条链上产生滞后,防止了牛鞭效应的产生。另一方面,供应契约可以使供应链上的信息共享程度得到提高,基本上链上的每个节点可以共享所有的信息,这样避免了一些不必要的预测,避免了"牛鞭效应"的产生。

2. 实现供应链系统的协调,消除"双重边际效应"

供应契约通过调整供应链的成员关系来协调供应链,使分散决策下供应链的整体利润与集中系统下的利润尽可能相等。即使无法实现最好的协调(与集中系统下的利润完全相等),也可能存在帕累托最优解,使得每一方的利润至少不低于原来的利润值。

3. 增强了供应链成员的合作关系

供应契约可以书面的形式保证合作企业的权利和义务,使这种权利和义务赋有法律效应,这样即使信任机制不健全也可以实现供应链合作企业的紧密合作、加强信息共享、相互进行技术交流和提供技术支持。

供应链合作关系产生了新的利润,新增利润如何在供应链中进行分配,是决定供应链能否继续保持合作关系的一个重要的因素。供应契约模型研究了利润的分配模式,通过企业之间的协商,将利润在供应链的各个节点企业中进行了分配。契约的特性就是要体现利益共享和风险共担原则,从而使供应链成员企业达到帕累托最优。

第九讲　提高供应链运行协调性的办法

 章节案例讨论 --

华为供应链向终端供应链转型

2012年,华为建立起完全To C的消费者BG,即终端公司,由于业务形态的不同,华为原来面向运营商的To B供应链模式并不适合面向消费者的To C模式,在运营的过程中遇到了不少问题。终端产品的库存是"魔鬼",必须将库存控制在最小,如果做出一款新产品,但产品周转慢,库存一大堆,那么产品即使大卖,也可能不赚钱。由于华为在全球的供应商合作伙伴众多,管理幅度和广度都非常大,很多供应商是世界级技术垄断型企业,制定好采购合约和维护供应商关系难度较大,为了获得采购阶梯价格或避免垄断,华为会适当地采购较多的零部件。再者,因为没有意识到库存对于 To C 产品重大影响以及因为市场的波动产生牛鞭效应,在刚开始的几年中,华为供应链常常陷入上市时缺货,紧急提拉需求后供应跟不上来,物料齐套后又库存过多的恶性循环。前期销售火爆但备货不足,等到按计划准备的物料到货后,产品又已经卖不动了,不得不清库存。2013 年上市的华为 Mate 1,其物料库存吃掉了所有的销售利润。

从 2012 年起,华为终端公司就提出构建敏捷、智能的数字化供应链,给消费者提供极致的体验,实现持续的有效的增长,并对终端供应链变革提出了具体要求。首先是加强对产业链的控制,对于战略竞争器件,提前投资布局,掌控核心价值。对于行业紧缺部件,进行排他性战略供应商合作,联合研发、共同创新。对于通用部件,与供应商、EMS 工厂深度协同。其次是建立能够应对新市场的全球化供应链,华为与产业链上的多层级供应商共享协作,实现订单、计划、物流、制造、供应中心的全流程在线协同。管理员只需打开一级供应商,就可以追溯到上游多层级供应商的供应网络。华为向供应商提供一站式平台服务,并跟踪全流程的动态。使用公有云加载数据,实现数据可视、供应能力可视,比如实时获得关键元器件如摄像头、显示屏、电池、光模块等的供应数据。

通过公有云,还可以实时监控供应风险事件,对潜在风险进行仿真预测和预警,确保供应的连续性和稳定性。通过可视化实现信息在各相关部门间及供应链各成员之间的共享,实现市场需求、供应能力、存货与运输的可视化,从"预防、被动响应"的模式转变为"先知先觉、实时供应"的主动模式。对需求信息和供应信息的集成,可以使整个供应链透明化,便于计划、采购、订单履行、生产制造、交付、物流同步协同,以更加快速地做出响应。

资料来源:辛童.华为供应链管理[M].杭州:浙江大学出版社,2020.

思考:请你谈谈华为在从 To B 供应链到 To C 供应链转型时遇到了哪些供应链运作问题? 华为又是如何处理这些问题的? 谈谈你的启示。

思考与练习

1.简述需求变异放大现象产生的原因及特点。
2.简要概括供应链不协调的主要表现以及危害。
3.如何通过实行 VMI 库存控制缓解需求变异放大现象。
4.简述缓解双重边际效应的办法。
5.简述供应契约如何缓解供应链失调产生的影响。

参考文献

[1] CHEN F,DREZNER Z,RYAN J K,SIMCHI-LEVI D. Quantifying the Bullwhip Effect in a Simple Supply Chain:The Impact of Forecasting,Lead Times,and Information [J]. Management Science,2000,46(3):436-443.

[2] CACHON G P,LARIVIERE M A. Turning the Supply Chain into a Revenue Chain [J]. Harvard Business Review,2001,79(3):20-21.

[3] 陈安,刘鲁.供应链管理问题的研究现状及挑战[J].系统工程学报,2000(2):179-186.

[4] 郜振廷.论需求变异原理的扩展——供应链"需求变异放大原理"补正[C]//第二届中国物流学术年会论文集,2003:229-232.

[5] 黄爽.响应型供应链下的数量柔性契约研究[D].武汉:华中科技大学,2006.

[6] 刘胜华.电子商务环境下供应链协同管理研究[J].科技进步与对策,2005(10):168-169.

[7] 李敏.基于回收再制造的闭环供应链契约协调问题研究[D].北京:北京交通大学,2011.

[8] 麦克尼尔.新社会契约论[M].雷喜宁,译.北京:中国政法大学出版社,1994.

[9] 马士华,林勇,陈志祥.供应链管理[M].北京:机械工业出版社,2002.

[10] THOMAS D J,GRIFFIN P M. Coordinated Supply Chain Management[J]. European Journal of Operational Research,1996,94(1):1-15.

[11] 王迎军.客户需求驱动的供应链契约问题综述[J].管理科学学报,2005,8(2):68-76.

[12] 吴向向.基于大数据理论的供应链需求管理研究[D].北京:北京建筑大学,2017.

[13] 周良,徐国华.供应链协调机制的研究[J].西安电子科技大学学报(社会科学版),2004(1):68-73.

[14] 庄品.供应链协调控制机制研究[D].南京:南京航空航天大学,2005.

CHAPTER ⑤

第五章

供应链合作伙伴关系管理

学习目标：

通过本章的学习，了解供应链合作伙伴的定义以及与传统关系之间的区别。对供应链合作伙伴之间的价值有一定的了解。

知识目标：

(1)掌握并理解供应链合作关系的重要意义。

(2)掌握并理解选择合适的合作伙伴的重要性。

能力目标：

(1)明白如何选择合作伙伴。

(2)能够按照选择合作伙伴的步骤对自己的合作伙伴进行选择。

素养目标：

(1)掌握建立战略性合作伙伴关系的重点。

(2)充分认识供应链合作伙伴关系管理的核心。

(3)认识到供应链管理的关键在于各个节点企业之间的联系和合作。

知识结构思维导图

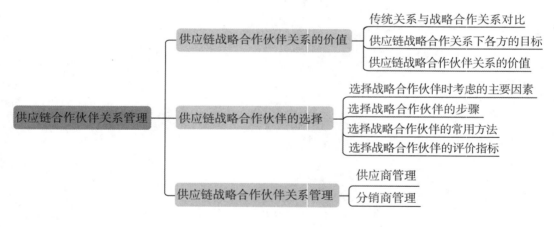

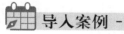 **导入案例** -

价值链管理在华为

现代企业竞争不是单个企业之间的竞争，而是一条产业链与其他产业链的竞争。华为真诚善待合作伙伴，构建健康的商业生态环境，在华为营收破千亿美元的同时，华为伙伴的能力也在快速成长。

与竞争对手之间，任正非曾说我们不要敌视竞争对手，其实他们是我们重要的老师，善待对手就是帮助华为培养一个逼着华为进步的人。2002年后，伴随着海外业务的扩张，华为与竞争对手之间的摩擦越来越激烈，华为维持了产业良性循环，避免陷入恶性竞争的泥沼,如在 2003 年美国 3COM 公司将研发中心迁至中国,3COM 公司降低了研发成本,而华为借助 3COM 的网络营销渠道大幅提升了产品的销售量,为公司积累了经验,培养了优质人才。

与合作友商之间,到 2018 年为止华为有 2 个百亿伙伴——中建材和神州数码,过亿伙伴 105 家。截至 2017 年,华为已与 700 多家合作伙伴联合发布了 900 多个面向交通、电力、园区、智慧城市等众多领域的解决方案,在北京行政副中心物联网项目、自主创新燕云 DaaS 等项目方面取得了卓越创新,荣获"2018 年度国家技术发明奖一等奖"。华为希望在未来随着科技的发展,进一步将"平台＋生态"战略演进为"平台＋Ａ＋生态",为伙伴提供"＋Ａ"的支持,共同实现智能进化。

与政府和媒体之间,华为恪守法律,坚守企业道德。随着全球贸易环境与关系日益复杂,中美贸易摩擦、地缘政治、多国经济问题等金融和地缘政治风险加剧,华为更加重视国际贸易规则,遵守东道国当地的法律法规,密切监控风险和环境变化,以法律的确定性应对全球化的不确定性。同时,在处理与媒体关系上,任正非认为要"低作堰",而不是"高筑坝",善待媒体积极互动,与媒体做朋友,让媒体有的说,华为才能发展得更好。

资料来源:唐松莲,白洁.合作共赢:价值链管理在华为[EB/OL].(2019-10-28)[2023-06-11].http://www.cmcc-dlut.cn/Cases/Detail/4091.

思考:根据以上材料思考华为在强大的竞争市场是如何快速成长的?

第一节　供应链战略合作伙伴关系的价值

一、传统关系与战略合作关系对比

(一)传统关系

传统企业交易的关系是零和博弈,即一方在获得收益的同时,必然伴随着另一方的利益损失,双方收益(正数)与损失(负数)相加之和等于零。单纯的买卖关系,金钱交易关系,以是否获得利益为原则来处理企业关系,买定离手,概不负责,交易双方完成了合同条款的执行项目,资金结算完成,此后发生的任何情况,只要在合同条款中没有明确的规定,双方都不需要为这种情况负责。比如说,下游企业对上游原材料在使用过程中出现了问题,想要得到上游企业的技术支持,上游企业可以直接拒绝,合同中并没有提供技术支持这一条款。

(二)供应链战略合作伙伴关系

供需双方在一定时期内共享信息、共担风险、共同获利的一种战略性协议关系。长期稳定的合作,强调高度信任和战略合作,不仅是操作层面的合作,拥有共同的市场战略目标和价值追求,彼此交换的不仅仅是有形的物质,还包括研发、信息、物流,在技术、生产、管理等方面相互支持和帮助,是一种全方位的资源与能力交换和互补,全面的集成,最终要达到的目标是合作各方的双赢。

(三)供应链战略合作伙伴关系与传统关系的区别

以制造商与供应商的关系为例,其主要区别体现在以下几个方面。

1.交换对象不同

传统关系下,双方交换仅仅是产品交换。对于供应链合作关系下,双方进行交换的对象不仅是物品,更是信息、服务以及技术等各个方面。

2.选择供应商的标准不同

传统的关系中,价格是关系到供需双方获利的核心要素,因此围绕价格进行供应商的选择,在供应链合作关系之下,供需双方的获利不仅仅取决于价格因素,通过全方位的合作能够带来更多更大的市场收益。

3.合作关系的稳定性不同

传统关系下,随着价格而变换交易对象,因此市场关系往往是一次性的,下次交易又有了更低的出价者,交易的对象就会随之更换。而供应链合作关系之下,合作双方要进行全面深入的合作,伴随着关系的确立而对传统的运营模式、管理职能、业务流程和信息系统等方面都要开展改造和建设,这都需要有前期的投入并且随着合作的深入相互掌握对方的商业机密也越来越多,因此关系更加稳定。

4.对供应商数量的要求不同

传统环境下希望多多益善,多了才有竞争,供应商的竞争自然会降低产品的供应价格,这样采购方才能获利。在供应链环境下,价格不是主要问题,如何协调处理好不同供应商之间的业务协同性,价值创造的互补性等才是关键问题。因此,少而精是供应链下对合作伙伴和质量的要求。

5.资源共享的程度不同

传统企业关系下,双方共享的资源是严格按照交易合同中约定的条款来执行的。合同条款中,没有规定的资源不对交易对方开放。因此,信息共享是专有的,点对点式的。而供应链环境下,合作双方进行的是全面的资源与能力的集成,资源的共享性大大超过了传统企业的范围。因此,对于双方来说都能从这种共享中获得更多的收益。

6.质量控制的方式不同

传统关系下的质量控制是一种事后控制,也就是交货后的品质抽检,往往使得采购方要承担已经发生的品质缺陷造成的损失和风险。然而,产品的品质不是靠检验出来的,而是在设计环节、生产环节就已经决定了产品的品质。因此,供应链环境下将质量控制提前到供应商的设计环节,并在原料和零部件的生产全过程进行严密的质量管理,从源头避免产品品质问题的产生。这种控制方式更加高效也更有价值。

7.合同的性质不同

传统合同被称为交易合同,合同条款严格规定在此次交易中的产品属性与责任义务等。供应链合同是开放式的关系合同,在合同中约定的不是具体的交易产品信息而是双方关系的处理原则。约定在合作中各方的权责利,至于日后经营中的采购条款则在关系合同的基础之上进行协商约定、一事一议并且议定的事项在相对较长的时间范围内是不会做大的更改的,只是局部的微调,一切以最初的合作关系合同条款为议事的原则。

8. 供应商的规模不同

传统关系下,供应商的规模较小,这样有利于获得低成本的供应商。在供应链关系下对合作伙伴的品质、技术、信誉和能力均有较高的要求。因此,必须寻找那些规模大,实力强的大型供应商作为合作伙伴。

9. 供应商的地理位置不同

传统关系下,主要是在当地来寻找供应商,这样有利于节约物流成本和采购成本。对于供应链环境下,最合适的供应商寻找的范围会大得多,甚至是在全球市场来寻找最合适的,最具有价值创造潜力的供应商。

10. 是否提供技术支持不同

传统企业关系一般不提供,要提供也要进行额外的收费。在供应链关系下,双方主动地为对方来提供技术支持以更好地满足共同市场。

11. 供应商选择的方式不同

传统关系下通过招标投标的方式来确定待合作的供应商。在供应链关系下,通过实地考察,收集待合作伙伴以往的市场声誉与其他企业的合作情况,甚至是通过小范围、短时间的合作来检验待合作伙伴的能力等多样化的方式进行评估和选择。

传统供应商关系与供应链合作伙伴的比较如表 5-1 所示。

表 5-1　供应链合作伙伴关系与传统供应商关系的比较

项目	传统供应商关系	供应链合作关系
交换对象	产品	物流、信息、服务、研发、管理技术
选择供应商标准	强调价格	多标准并行(交货的质量、可靠性等)
稳定性	变化频繁	长期、稳定、紧密合作
供应商数量	多	少(少而精)
共享程度	专有,点对点	信息、技术等共享
质量控制	质量检验(事后控制)	质量保证(事前控制)
合同性质	单一	开放合同(长期)
供应商规模	小	大
供应商地理位置	当地	国内和国外
技术支持	不提供	提供
选择范围	投标评估	广泛评估可增值的供应商

二、供应链战略合作关系下各方的目标

(一)对制造商而言

降低采购成本、提高产品质量、更好的产品设计等。

(二)对供应商而言

有稳定的市场需求、提高运行质量、获取更高的利润。

(三)对双方而言

可以共同参与产品开发、降低投机行为、促进沟通交流等。

三、供应链战略合作伙伴关系的价值

(一)有利于形成基于战略合作伙伴关系的企业集成模式

供应链企业集成如图 5-1 所示。

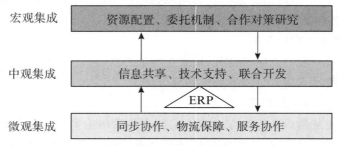

图 5-1　供应链企业集成

与合作伙伴形成战略合作伙伴关系之后,企业在宏观、中观和微观上都很容易实现相互集成。在宏观层面上,主要是实现企业之间的资源优化配置、企业合作以及委托代理机制设计;而在中观层面上,主要是在一定的信息技术支持和联合开发的基础上实现信息的共享;在微观层面上,则是实现同步化、集成化的生产计划与控制,并实现物流保障和服务协作等业务职能。

(二)有利于建立战略合作伙伴的质量保证体系

战略合作伙伴关系企业必须将顾客需求贯穿于整个设计、加工和配送的过程中,企业不仅要关心产品的质量,而且要关心广告、服务、原材料供应、销售、售后服务等活动的质量。我们把这种基于供应链全流程以并行工程为基础的质量思想称为"过程质量",通过实施供应链各节点企业的全面质量管理,达到"零缺陷"输入和"零缺陷"输出,实现基于"双零"(零库存、零缺陷)的精益供应链目标。"双零"是人们追求的理想目标,为企业提出了一个不断改进和努力的方向。企业过程质量模型如图 5-2 所示。

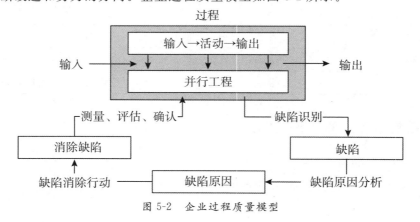

图 5-2　企业过程质量模型

(三)有利于战略合作伙伴关系中的技术扩散与服务协作

具有战略合作伙伴关系的供应链,其实竞争优势并不是仅仅因为企业有形资产的联合和增加,而是企业成为价值链的一部分,实现了知识的优化重组,达到"强－强"的联合,也就是"用最小的组织实现了最大的管理效能"。通过信息的共享,企业把精力用于企业最具有创新能力的活动,运用集体的智慧提高应变能力和创新能力。作为面向 21 世纪知识经济时代的供应链管理,信息技术的作用越来越大。供应链管理过程中的知识或技术的扩散,与传统意义上的信息流是不同的。企业也并不是拥有了合适的软件系统和充分的信息量就能够使其竞争能力显著增强,而是合理利用知识链(或技术链),确定各项具体技术在知识链中的每一个环节中所起的作用,注重那些能显著提升企业创新能力的知识与信息的合理运用和扩散作用。为此,必须重视知识主管(CKO)和信息主管(CIO)在企业中的作用,如图 5-3 所示。

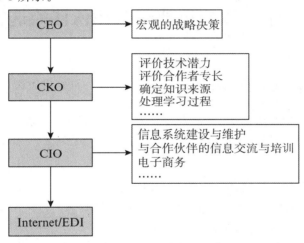

图 5-3　知识主管与信息主管在企业中的作用模型

(四)有利于提高供应链对客户订单的整体响应速度

从供应链战略合作伙伴关系有利于缩短供应链总周期的视角来分析,也可以看出它对供应链管理企业的重要意义,如图 5-4 所示。

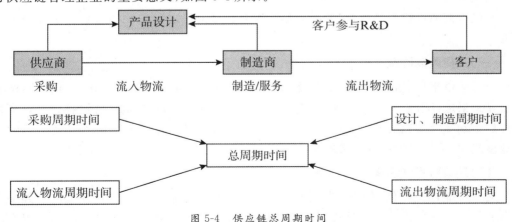

图 5-4　供应链总周期时间

速度是企业赢得竞争的关键所在,供应链中制造商要求供应商加快生产运作速度,来缩短供应链总周期时间,达到降低成本和提高服务质量的目的。从图 5-4 中可以看出,要缩短总周期,主要依靠缩短采购时间、流入物流时间、生产制造时间和流出物流时间来实现。很显然,加强供应链合作伙伴关系运作的意义重大。

第十讲　供应链战略合作伙伴关系的价值

第二节　供应链战略合作伙伴的选择

一、选择战略合作伙伴时考虑的主要因素

供应链管理是一个开放系统,供应商是该系统的一部分,因此,供应商的选择会受到各种政治、经济和其他外界因素的影响。供应商选择的考虑因素主要有以下几个方面。

(一)价格因素

它主要是指供应商所供给的原材料、初级产品(如零部件)或终端产品组成部分的价格,供应商的产品价格决定了终端产品的价格和整条供应链的投入产出比,对生产商和销售商的利润率产生一定程度的影响。

(二)质量因素

它主要是指供应商所供给的原材料、初级产品或终端产品组成部分的质量。原材料、零部件、半成品的质量决定了终端产品的质量,这是供应链生存之本。产品的使用价值是以产品质量为基础。如果产品的质量低劣,该产品将会缺乏市场竞争力,并很快退出市场。而供应商所提供产品的质量是终端产品质量的关键之所在,因此,质量是一个重要因素。

(三)交货周期因素

对供应链来说,市场属于外部环境,它的变化都会引起供应链的变化,市场的不稳定性会导致供应链各级库存的波动,由于交货提前期的存在,必然造成供应链各级库存变化的滞后性和库存的逐级放大效应。交货提前期越短,库存量的波动越小,企业对市场的反应速度越快,对市场反应的灵敏度越高。由此可见,交货周期也是重要因素之一。

(四)交货可靠性因素

交货可靠性是指供应商按照制造商所要求的时间和地点,将指定产品准时送到指定地点的能力。如果供应商的交货可靠性较低,必定会影响制造商的生产计划和分销商的

销售计划。这样,就会引起整个供应链的连锁反应,造成大量的资源浪费并导致成本上升,甚至会致使供应链的解体。因此,交货可靠性也是较为重要的因素。

(五)品种柔性因素

在全球竞争加剧、客户需求个性化的环境下,企业生产的产品需要足够多样化,才能满足消费者的需求,赢得市场竞争。因此,多数企业采用了 JIT 生产方式。为了提高企业产品的市场竞争力,就必须强化柔性生产能力。而企业的柔性生产能力是以供应商的品种柔性为基础的,供应商的品种柔性决定了终端产品的种类。

(六)研发和设计能力因素

供应链的集成是企业管理的发展方向。产品的更新是企业的市场动力。产品的研发和设计不仅仅是制造商分内之事,集成化供应链要求供应商也应承担和参与部分的研发和设计工作。因此,供应商的研发和设计能力是重要的因素之一。

(七)特殊加工工艺能力因素

每种产品都具有其独特性,没有独特性的产品市场生存力较差。产品的独特性要求特殊的生产工艺,所以,供应商的特殊工艺能力也是重要因素之一。

(八)其他考虑因素

其他考虑因素包括项目管理能力、供应商的地理位置、供应商的库存管理水平等。

二、选择战略合作伙伴的步骤

供应商的评价和选择是供应链合作关系的基础。供应商的业绩在今天对制造商的影响越来越大,在交货期、产品质量、提前期、库存水平、产品设计等方面都影响着制造商。与供应商建立战略合作伙伴关系,可以维持供应链长期稳定。因此,合作伙伴的综合评价和选择可以归纳为以下几个步骤,如图 5-5 所示,企业必须确定各个步骤的开始时间,每个步骤对企业来说都是动态的(企业可自行决定先后和开始的时间),并且每一个步骤对企业来说都是一次业务改善的过程。

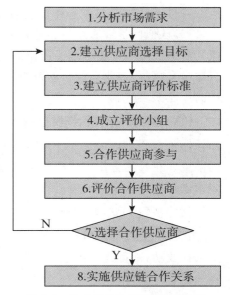

图 5-5　供应商综合评价、选择步骤

(一)步骤 1:分析市场需求

市场需求是企业一切活动的驱动力。基于信任、合作、开放性交流建立供应链长期合作,必须首先分析市场需求。目的在于找到满足市场需求产品的供应商,分析现在的产品需求、产品的类型和特征,以明确产品需求之后,寻找合适的原材料或零部件供应商。如果已建立供应链合作关系,则根据需求的变化确认供应链合作关系变化,从而确认供应商评价和选择的必要性。

同时分析现有合作供应商的现状,分析、总结企业存在的问题。

(二)步骤2:建立供应商选择目标

企业必须确定供应商评价实施流程、信息流程、负责人,而且必须建立切合实际的目标。供应商评价、选择不仅仅是一个简单的评价、选择过程,也是制造企业自身和供应商之间的一次业务流程重构过程,实施得好,还可带来一系列的价值。

(三)步骤3:建立供应商评价标准

供应商综合评价指标体系是企业对供应商进行综合评价的依据和标准,是反映由企业本身和环境所构成的复杂系统的不同属性的指标,是按隶属关系、层次结构有序组成的集合。要根据系统全面性、简明科学性、稳定可比性、灵活可操作性的原则,建立集成化供应链管理环境下供应商的综合评价指标体系。不同行业与企业、不同产品需求、不同环境下的供应商评价标准应是不一样的,但大部分都涉及供应商的业绩、设备管理、人力资源开发、质量控制、成本控制、技术开发、用户满意度、交货协议等。

(四)步骤4:成立评价小组

制造企业必须建立一个小组以组织和实施供应商评价工作。小组成员以采购、质量、生产、工程等与供应商合作关系密切的部门为主,兼有外聘的评审专家。小组成员必须有团队合作精神且具有一定的专业技能。评价小组必须同时得到制造商和供应商最高领导层的支持。

(五)步骤5:合作供应商参与

一旦企业决定实施合作供应商评价,评价小组必须与初步选定的合作供应商取得联系,以确认他们是否愿意与制造商建立供应链合作关系,是否有获得更高业绩水平的愿望。制造商应尽可能早地让合作供应商参与到评价的设计过程中来。由于企业的力量和资源是有限的,企业只能与少数的、关键的合作供应商保持紧密合作,因此参与的合作供应商不能太多。

(六)步骤6:评价合作供应商

评价合作供应商的一个主要工作是调查、收集有关合作供应商的生产运作等全方位的信息。在收集合作供应商信息的基础上,就可以利用一定的工具和技术方法对合作供应商进行评价。

(七)步骤7:选择合作供应商

在评价的过程之后有一个决策点,根据一定的评价工具与技术选择合作供应商。如果选择成功,则可开始实施供应链合作关系;如果没有合适的合作供应商可选,则返回步骤2重新开始评价选择。

(八)步骤8:建立供应链合作关系

在建立供应链合作关系的过程中,市场需求将不断变化,可以根据实际情况的需要及时修改评价标准,或重新开始合作供应商评价选择。在重新选择合作供应商的时候,应给予旧合作伙伴足够的时间适应变化。

三、选择战略合作伙伴的常用方法

目前选择合作伙伴的方法较多,越来越趋向于定性与定量相结合,多种方法组合使用。供应链合作伙伴的选择一般要根据供应单位的多少、对供应单位的了解程度以及对物资需要的时间是否紧迫要求来确定。

(一)招标法

当采购数量大、合作伙伴竞争激烈时,可采用招标法来选择适当的合作伙伴。它是由企业提出招标条件,各招标合作伙伴进行竞标,然后由企业决标,与提出最有利条件的合作伙伴签订合同或协议。招标法可以是公开招标,也可以是指定招标。公开招标对投标者的资格不予限制;指定招标则由企业预先选择若干个可能的合作伙伴,再进行竞标和决标。招标方法竞争性强,企业能在更广泛的范围内选择适当的合作伙伴,以获得供应条件有利的,便宜而适用的物资。但招标手续较繁杂、时间长、不适用于紧急采购;主要原因是因供应商对投标者了解不够,双方没有时间充分协商,造成送货不及时或货物品种不符合要求。

(二)协商选择法

在供货方较多、企业难以抉择时,也可以采用协商选择的方法,即由企业先选出供应条件较为有利的几个合作伙伴,和他们分别进行协商,再确定适当的合作伙伴。与招标法相比,协商选择法由于供需双方能充分协商,在物资质量、交货日期和售后服务等方面较有保证。但由于选择范围有限,不一定能得到价格最合理、供应条件最有利的供应来源。当采购时间紧迫、投标单位少、竞争程度小、订购物资规格和技术条件复杂时,协商选择方法也比招标法更为合适。

(三)采购成本比较法

对质量和交货期都能满足要求的合作伙伴,则需要通过计算采购成本来进行比较分析。采购成本一般包括售价、采购费用、运输费用等各项支出。采购成本比较法是通过计算分析各个不同合作伙伴的采购成本,以选择采购成本较低的合作伙伴的一种方法。这种方法的缺点在于重视了采购成本而忽视了质量水平,从而造成质量事故隐患。

四、选择战略合作伙伴的评价指标

为了准确地评价和选择合作伙伴,必须建立一个评价指标体系。例如,迪克森(Dickson)在对美国百家企业的经理调查后,认为产品的质量、成本和交货行为的历史是选择合作伙伴的三大重要标准,他建立了一个包含 21 个评价准则的供应商选择指标体系(如表 5-2 所示)。Dickson 的供应商准则虽然很全面,但是它没有设置权重,不易区分不同指标的重要性。这一问题被后来的很多学者加以改进和完善,出现了分层次的评价准则体系(如表 5-3 所示)。不同企业在选择合作伙伴(如供应商)时,可以根据自己的需要设计不同的评价准则。我国企业采用得比较多的评价准则主要是产品质量,其次是价格。

表 5-2　Dickson 的供应商评价准则

排序	准则	
1	质量	
2	交货	
3	历史效益	
4	保证	
5	生产设施/能力	
6	价格	
7	技术能力	
8	财务状况	
9	遵循报价程序	
10	沟通系统	
11	美誉度	
12	业务预期	
13	管理与组织	
14	操作控制	
15	维修服务	
16	态度	
17	形象	
18	包装能力	
19	劳工关系记录	
20	地理位置	
21	以往业务量	

表 5-3　分层次、有权重的供应商评价准则

序号	评价准则	子准则	
1	质量水平(0.25)	顾客拒收度(0.60)	
		工厂检验(0.40)	
2	响应性(0.03)	紧急交货(0.70)	
		质量水平(0.30)	
3	纪律性(0.04)	诚实(0.75)	
		程序遵循度(0.25)	

续表

序号	评价准则	子准则
4	交货(0.35)	—
5	财务水平(0.06)	—
6	管理水平(0.05)	企业制度执行情况(0.75)
		业务水平(0.25)
7	技术能力(0.08)	解决技术问题的能力(0.80)
		产品线度宽度(0.20)
8	设施设备(0.14)	机器设备完好率(0.60)
		基础设施水平(0.20)
		布局合理性(0.20)

　　根据企业调查研究,影响供应商选择的主要影响因素可以归纳为四类:企业业绩、生产能力、质量系统、企业环境。为了有效地评价、选择合作伙伴,可以框架性地构建三个层次的供应商综合评价指标体系,如图 5-6 所示。

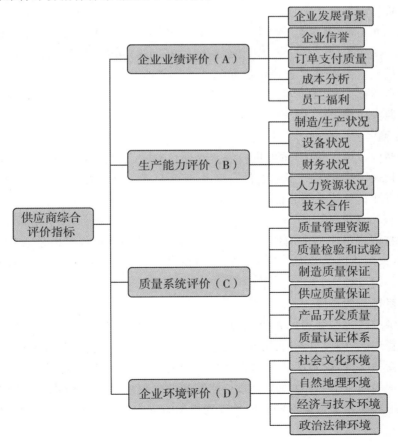

图 5-6　供应商综合评价指标体系结构

第三节　供应链战略合作伙伴关系管理

一、供应商管理

在制造业,70％的产品成本来自供应商,也就是高达七成的增值活动发生在供应商处。供应链全球化后,供应链中断的风险在增加,危害也就更大了。

(一)供应商的源头管理

1. 评价指标

1966 年,Dickson 首次对美国数百家企业调研后,认为选择供应商最重要的 3 个指标是质量、成本、交货行为。1991 年,韦伯(Weber)在 Dickson 的基础上进一步研究,认为产品质量、价格、交货准时性是选择供应商的 3 个重要指标。除了 3 个指标外,选择供应商还要参考很多指标,并且因行业不同评价指标而有所差异。

2. 提高源头控制力

(1)供应商考察

指在选择供应商之初,对重点供应商需要进行考察,重点考察其生产能力。由采购部门、工艺部门、现场装配部门等组成供应商生产配套能力评价小组,从财务能力、历史绩效、质量、生产和物料体系等方面对供应商进行评价。

(2)双厂家配套

指在存在两家供应商的前提下,对技术难度大的关键零部件可以采取双厂家配套的方式,一来可以防止因缺货而导致停产;二来可以适当运用竞争机制,激励两家供应商在良性竞争中共同成长。

3. 供应商寻源的步骤

从支撑供应链运作管理的角度可以看出,采购管理在其中扮演着非常重要的作用。为了使采购管理能够满足提升供应链竞争力的需要,要把供应商管理放在一个重要地位。缺少了供应商的支持,很难保证采购管理目标的实现,甚至会给供应链带来巨大的风险。在供应商管理的问题上,要想使供应商与制造企业的供应链运作相协调。首先就是要找到合适的供应商。需要根据不同的任务找到最佳的供应商,这项工作即为供应商寻源。

(二)供应商的过程管理

1. 全面管理供应商

建立所有一级供应商的清单,并与其提供的原材料或零部件一一对应,对于供应商的变化及时更新。

2. 分类管理供应商

根据物料供应的风险和物料在制造商年度支出中的比重,可以把制造商采购的物料分为关键物料、瓶颈物料、杠杆物料、常规物料,如表 5-4 所示。

表 5-4　物料分类表

物料类型	供应商数量	物料获取	物料特性	年度支出	风险
关键物料	少	难	非标准	高	高
瓶颈物料	少	难	非标准	低	高
杠杆物料	多	易	标准	高	低
常规物料	多	易	标准	低	低

(1)第 1 类,关键物料供应商

关键物料是指对制造商的产品或流程至关重要的采购物料。这类采购物料的数量很大,通常只有一个或少数几个可使用的供应源。这类物料在最终产品的成本中占有很大比重,并且这种结构在短期内难以改变,例如电脑的 CPU、汽车的发动机、电视中的液晶屏等。

制造商可以与关键物料的供应商建立战略合作伙伴关系,争取得到更多的资源。

(2)第 2 类,瓶颈物料供应商

瓶颈物料在金额上只占相对有限的一部分,但是在供应上却极为脆弱。通常它们只能从一个供应商那里获得,例如纺织工业中的特殊原料,机械工业中的特殊金属材料。通常供应商在合同关系中处于支配地位,由此导致高昂的价格、较长的交货时间和劣质的服务。制造商一方面应尽可能寻找替代品或寻找替代的供应商,另一方面要努力维持好与现有供应商之间的合作关系。

制造商需要与瓶颈物料供应商加强合作,以降低缺货带来的风险。

(3)第 3 类,杠杆物料供应商

杠杆物料,是指可选供应商较多、能够为买方带来较高利润的采购项目。通常这类物品可以按标准的规格和质量等级从不同的供应商那里购得。它们在最终产品的成本构成中占有相对较大的比重,价格的微小变化对最终产品的成本产生较大的影响。具体的例子如塑料米、钢材等。这种情况下,由于供应商数量众多,采购方有选择供应商的自由,而且转换成本较低。

(4)第 4 类,常规物料供应商

常规物料是指供给丰富、采购容易、财务影响较低的采购项目。从采购的观点看,这些产品很少造成技术或商业问题。这类产品的价值通常较低,并存在大量可供选择的供应商,例如维护用品和紧固件等。这类产品的采购问题在于处理它们的费用通常高于其本身的价格。

制造商可以根据以往合作的基础,选择一家合作基础良好的常规物料供应商在附近建仓库,一是可以降低制造商的采购成本,二是可以降低供应商的运输成本,实现双赢。

(三)供应商管理带来的价值

1. 保证采购零部件的质量

选择优质供应商,与其建立战略合作伙伴关系,在制造商的帮助下,供应商可以全面提升质量管理水平,并对零部件产品质量负责,从而保证了制造商所采购的零部件的质量。

2. 提高订单响应速度

准时化采购模式下,供应商通过信息共享和生产能力改进,及时将制造商需要的原材料或零部件送达,从而提高了订单响应速度。

二、分销商管理

(一)合作意愿

合作意愿包括预期合作程度和共同愿景。也就是分销商愿意进行合作的程度以及对合作之后共同创造的愿景的态度。

(二)销售能力

销售能力由 5 个方面构成:

(1)分销商的地理区位优势和市场范围。

(2)分销商的经营实力,即分销商市场开发的能力、经营商品的能力、足够的支付能力、训练有素的销售队伍、必要的流通设施等。

(3)分销商的财务状况和管理水平。这决定分销商的发展潜力。

(4)分销商的道德水平和信誉能力。良好的道德水平是合作的底线,良好的信誉能力代表分销商在消费者心目中的良好形象。

(5)分销商经营某种商品的历史和成功经验。

第十二讲　供应商管理

章节案例讨论 ------------------------------------

通用汽车和本田的合作伙伴关系

多年来,通用汽车和本田建立了密切的合作关系,其中包括近年来专注于电动和自动驾驶汽车技术的几个项目。2013年,两家公司开始合作开发下一代燃料电池系统和储氢技术。2018年,本田加入了通用汽车的EV电池模块开发工作。2020年,通用汽车和本田宣布计划共同开发两款电动汽车,包括本田Prologue,将于2024年初推出,紧随其后的是讴歌的首款EV SUV。此外,两家公司与Cruise保持着持续的合作关系,并正在共同开发Cruise Origin,这是首批专为无人驾驶网约车和送货而设计的全自动驾驶汽车之一。

通用汽车和本田宣布计划通过使用下一代Ultium电池技术共同开发一系列基于新全球架构的经济实惠的电动汽车,将两家公司的关系扩大到新的篇章。两家公司正在合作,利用两家公司的技术、设计和采购战略,从2027年开始在全球生产数百万辆电动汽车,包括紧凑型跨界车。两家公司还将致力于标准化设备和流程,以实现世界一流的质量、更高的产量和更高的经济性。紧凑型跨界车是世界上需求量最多的车型,年销量超过1300万辆。

通用汽车和本田还将讨论未来的电动汽车电池技术合作机会,以进一步降低电气化成本、提高性能并推动未来车辆的可持续性。

通用汽车已经在努力加速新技术,如锂金属、硅和固态电池,以及可快速用于改进和更新电池制造工艺的生产方法。本田正在其全固态电池技术上取得进展,该公司将其视为未来电动汽车的核心要素。本田已经在日本建立了全固态电池示范线,并正在朝着量产的方向进一步推进。

资料来源:通用汽车和本田扩大合作伙伴关系,将共同开发平价电动汽车[EB/OL]. (2022-04-07)[2023-06-11]. https://baijiahao. baidu. com/s? id = 1729417448398271423&wfr = spider&for=pc.

思考:通用汽车和本田的合作为什么能够促进两者的发展,对各自的发展有什么好处?

思考与练习

1.讨论供应链合作伙伴关系与传统关系的区别,并讨论供应链战略合作伙伴关系对企业的益处。

2.供应链企业之间合作的根本基础是什么?

3.分析建立供应链合作伙伴关系的步骤,并以案例进行分析。

4.如何增进合作伙伴双方的战略合作伙伴关系?

参考文献

［1］ BOYLE E. Managing Organization Network：Defining the Core［J］. Management Decision，1993，31(7)：23-27.

［2］ HARLAND C. International Comparisons of Supply-chain Relationships［J］. Logistics Information Management，1996，9(4)：35-38.

［3］ 霍佳震，马秀波，朱琳婕.集成化供应链绩效评价体系及应用［M］.北京：清华大学出版社，2005.

［4］ MANDAL A，DESHMUKH S G. Vendor Selection Using Interpretive Structural Modeling ［J］. International Journal of Operations and Production Management，1994，14(6)：52-59.

［5］ STEVENS G C. Successful Supply Chain Management［J］. Management Decision，1990，28 (8)：402-428.

CHAPTER **6**

第六章

供应链管理环境下的采购管理

学习目标：

(1)认识到传统采购管理的不足；

(2)了解供应链管理环境下采购管理的特点、意义与价值；

(3)找到基于供应链的采购管理与传统采购管理的差异。

知识目标：

(1)掌握采购管理的基本概念及采购过程的基本内容；

(2)掌握准时化采购的思想和特点；

(3)掌握准时化采购带来的价值。

能力目标：

(1)能够比较传统采购管理和供应链环境下采购管理的区别；

(2)能够描述准时化采购的步骤。

素养目标：

(1)具有对比分析的思维；

(2)具有发现问题、分析问题、解决问题的思维。

知识结构思维导图

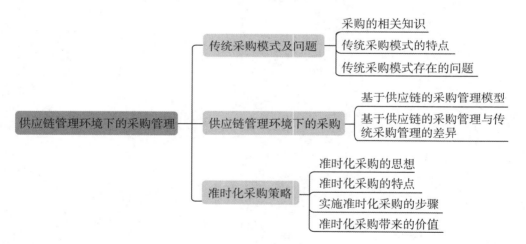

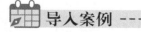 导入案例 --

罗尔斯·罗伊斯的"40 天引擎计划"

罗尔斯·罗伊斯是世界上最大的引擎制造商之一，服务航空、能源、国防等多个行业，生产和服务设施遍布全球 50 多个国家和地区，营业额为 100 多亿美元，全球雇员达 38000 余人。但是，低效的供应链却成为瓶颈，体现为交货时间长、库存高、无法及时应对市场需求变化。例如生产一个引擎，从接单到交货，罗尔斯·罗伊斯平均需要 260 天，最长达 1 年半。交货时间长，库存就高。罗尔斯·罗伊斯的库存一度接近 30 亿英镑，库存周转率只有 3.4 次一年。相比之下，竞争对手通用电气的航天引擎部的库存周转率则是 8 次一年。仅库存一项，罗尔斯·罗伊斯就比通用电气多积压资金 21 亿英镑，一年光利息就数以亿计。

2000 年，罗尔斯·罗伊斯发动"40 天引擎计划"，即一个引擎，从客户下单到拿到货，只要 40 天。从 260 天到 40 天是个大手术，没法单纯以压缩供应商的交货时间实现，因为很多零部件设计独特，工艺复杂，实际加工时间可能就是几个星期甚至几个月，就是把供应商的所有闲置等待时间都挤掉，可能还是没法实现这一目标。罗尔斯·罗伊斯必须在产品流和信息流上做大手术，全面提升效率，才能把速度做上去，把交货周期做下来。

在产品流方面，罗尔斯·罗伊斯推行设计标准化和精益生产。例如在引擎设计方面，他们简化设计、减少零件号、减少直接供应商数量。在生产组装上，罗尔斯·罗伊斯原来采用加工车间方式，形不成流，不同加工中心联系甚微，零件堆得到处都是，光找到合适的零件就是个大挑战。在信息流方面，罗尔斯·罗伊斯启动 SAP 作为供应链管理系统，让产、供、销各部门有了统一的信息平台，针对同一个计划上工作，向同一个目标迈进。为了与供应商更好地搭接，罗尔斯·罗伊斯在网上建立订单管理中心，以便供应商在线输入交货日期、数量，这些信息及时转入 SAP，供罗尔斯·罗伊斯在世界各地的生产组装线安排计划。根据供应商确认的交货日期，罗尔斯·罗伊斯统一安排到供应商处提货（很多大公司这么做，是因为大公司的规模效益，可以与运输公司谈更好的价格和服务）。

以前，一旦零部件离开供应商，在抵达罗尔斯·罗伊斯之前就算失去了踪影：只知道零件在路上，但在哪里，什么时候能够到，只能凭经验。甚至出现过这样的事：采购员在拼命催货，但零件已经在仓库的某个角落等待入库验收，只是大家不知道罢了。罗尔斯·罗伊斯的供应商遍及世界各地，运输时间动辄几天甚至几周，如果要把整个订单接收、零部件采购、生产组装、测试、发货周期限制在 40 天内，零件的运输这几天就很重要。为增加零件运输期间的透明度，在欧洲，罗尔斯·罗伊斯采用手提实时跟踪系统，即为每辆卡车配备一个手提 GPS 系统，从司机在供应商处收到零件起，零件的数量、位置等信息就实时传入罗尔斯·罗伊斯的信息系统。这样，采购、生产线就知道零件已经上了路。然后，借助全球定位系统，就能确定零件在何时处于何地。一旦零件到达总库，或者转上飞机飞向工厂，工厂都能即时知道。该系统不但增加了物料流动的透明度，而且提高了文档、包装、标签的准确度，大幅降低入库和付款过程中的错误。

产品流和信息流的改进也改善了资金流。产品标准化减少料号，料号减少则降低库存，库存降低则腾出了更多现金。生产周期缩短不但大幅降低过程库存，而且更快交货，以更快从客户处收回货款，同样改善了现金流。信息流的改善提高了信息准确度，供应商的发货、收货、票据准确，减少了付款过程中的审核确认，让供应商的付款方面更顺畅，不但减少了罗尔斯·罗伊斯的行政管理负担，而且改善了供应商的货款回收速度，算是双赢。

"40 天引擎计划"在实施了几年就取得显著成效。截至 2003 年，交货周期从 260 天降到 80 天，库存周转率从 3.4 次提升到 6 次，对客户的按时交货率从 50% 左右提升到 100%，百万次品率降低过半，成本也累计降低达 17 个百分点。这些都得益于缩短产品流的周转周期、提高供应链的透明度、增加信息流的时效性和准确度。

资料来源:刘宝红.采购与供应链管理——一个实践者的角度[M].北京:机械工业出版社,2012.

思考:罗尔斯·罗伊斯的"40天引擎计划"可以给当代企业的采购管理带来什么启示?

第一节　传统采购模式及问题

一、采购的相关知识

(一)概念

采购管理包括对于企业采购活动的计划、组织、协调与控制。当前的采购管理不仅关注企业的内部情况,同时还要重视企业与合作供应商间的采购关系,并追求通过管理行为实现采购过程的有效优化。采购管理的具体对象包括库存、供应商、采购流程、采购合同与采购计划等。

(二)主要作用

采购管理能够切实保障企业在预设时间范围内及时获取所需的生产资源;采购管理在现代企业的供应链管理体系中作为主导力量而存在,能够支持企业进行正常的生产经营活动;采购管理直接决定企业产品与服务的质量,采购质量越高,后期生产的产品质量也就更高;采购在企业利润系统中处于中心位置,企业若有提高利润的需求,必须解决采购环节的问题。

二、传统采购模式的特点

传统采购被认为是一种低层次的管理活动,其责任仅仅是执行和处理公司其他部门的订单,其目标主要是购买更便宜的物资。传统采购管理把工作重心放在与供应商之间的商业交易活动方面,采购部门和供应商之间经常要进行询价、报价、还价等谈判环节,一般通过多个供应商之间的竞争,从中选择价格最低的供应商作为合作伙伴。

传统采购模式主要是交易性采购,在这种思想的影响下采购就是一种普通的买卖活动,随着供应链管理理念的发展,以及市场竞争的加剧,传统的采购思维模式,越来越不适应时代的发展,采购管理开始向供应链采购模式发展。

三、传统采购模式存在的问题

传统采购模式存在的问题主要表现在以下几个方面。

(一)信息不对称

选择供应商在传统的采购活动中是一个首要的任务,在采购过程中,存在信息不对称现象,主要表现在两个方面,一是采购方为了能够从多个竞争性的供应商中选择一个最佳供应商,往往会保留公司信息,供应商为了赢得竞争,往往提供更多的信息,这样对供应商不利。二是供应商与供应商之间竞争时,也会有意隐瞒对自己不利的信息,这样采购供应双方都没有进行有效的信息沟通,这就是信息不对称博弈过程。

(二)检查验收

检查验收是采购部门一项重要的事后控制工作,质量控制难度大,质量与交货期是采购方要考虑的两个重要因素,但在传统的采购模式下,要有效控制质量和交货期,只能通过事后控制的办法,因为采购方很难参与供应商的生产组织过程和质量控制活动,在质量控制上主要依靠到货后的检查验收,这是事后控制,这种缺乏合作的质量控制,导致采购部门对采购物品质量控制难度增加,一旦采购到不合格零部件,就会直接影响成品质量。即使检验出不合格零部件,也会影响采购方后续的生产计划的安排。

(三)供需关系

在传统的采购模式中,采购方和供应商之间是一种零和竞争,因此彼此之间的供需关系是临时的或者短期的合作,而且竞争多于合作。由于缺乏合作与协调,采购过程中各种引起纠纷的事情比较多,很多时间消耗在解决日常问题上,没有更多的时间来做长期性的计划工作,生产过程中充满了不确定性。

(四)响应客户需求能力弱

由于供需双方在信息沟通方面缺乏及时的信息反馈,在市场需求发生变化的情况下,采购方也不能改变已签约的订货合同,因此采购方可能在需求减少时库存增加,需求增加时供不应求,而重新订货需要重走商务流程,供需之间对客户需求的响应没有同步进行,缺乏应对需求变化的能力。

第十三讲 传统采购模式及问题

第二节 供应链管理环境下的采购

一、基于供应链的采购管理模型

为了保证制造企业与供应商之间能够畅通无阻地进行供需信息的交流和共享,需要构建一个适合于企业供应链管理及采购管理的信息处理系统,一般将信息系统分为内部交流信息系统和外部信息共享系统两个部分。

（一）内部交流信息系统

由于缺乏专门为采购管理设置的数据库，现有的 MRP 以及 ERP 系统都不能很好地支持基于供应链的采购管理，一些专用的采购管理信息处理系统大多独立于其他系统之外，不能很好融入企业内部系统。因此，构建供企业内部交流信息系统，要将采购管理信息系统与企业管理信息系统集成，提高采购管理过程中提高物料需求信息和库存信息的准确性。

（二）对外共享信息系统

互联网、EDI 等广泛应用于商业信息传递的技术平台。EDI 具有传递信息快、种类多、保密性好等优点，但也因其费用昂贵而不适用于中小企业。而互联网因具有成本优势成为一种越来越普遍的选择。为了满足制造企业与供应链合作伙伴信息交流的需求，随着信息技术的进一步发展，将出现结合 EDI 与互联网优势的技术平台。

二、基于供应链的采购管理与传统采购管理的差异

在供应链管理的环境下，企业的采购模式与传统的采购模型不同。在供应链管理理念的指导下，采购活动的组织与管理更多地从供应链整体最优目标出发。基于供应链的采购管理特点主要有以下几个方面：

（一）为订单而采购

在传统的采购模式中，采购的目的是补充库存，满足生产所需原材料的需要，如图 6-1 所示。采购部门不了解生产部门的生产进度和产品需求变化，采购活动缺乏灵活性和主动性，因此制定的采购计划不能很好地适应生产计划的变化。

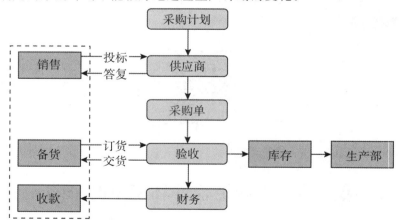

图 6-1　传统采购流程示意

供应链管理模式下，采购管理多是订单驱动采购，能提升供应链整体竞争力。供应商为获取更多的订单，就需不断提升自身产品的性价比和服务质量，进而形成良性竞争机制，提升供应链的整体竞争力。同时，在订单驱动模式下展开采购工作，制造商还可与供应商，或是供应商与供应商之间建立良好的合作关系，在彼此信任的基础上，加强信息共享等合作，实现供应链同步化、经济化。值得注意的是，此模式还能驱动供应商，促使供应

商迅速响应制造企业采购需求,避免呆滞库存的发生,从而降低了库存成本。

在供应链管理模型下,采购部门进行采购活动是以订单驱动方式为主。制造订单是在客户需求订单的驱动下产生的,制造订单驱动采购订单,再由采购订单驱动供应商,供应商接到采购订单后准备货物并按期交付货物。制造部门在接收货物后通知采购部门,再通知财务部门付款。在此种订单驱动模式下,供应链系统能够对用户的需求做出快速准时的反应,库存成本也因此降低,而库存周转率得到了大幅提升。同时,订单驱动模式下,采购工作流程得到了优化。

(二)外部资源整合管理

外部资源整合管理是指与供应商资源建立战略性合作伙伴关系的管理。在传统的采购模式中,由于信息无法共享,供应商不能及时响应采购部门的要求;对所采购物料的质量控制也只能做到事后把关,不能进行事前或事中的控制。这些问题使得供应链上的企业无法实现同步化运作,因此很有必要进行外部资源整合管理。

实施外部资源整合管理也是实施精益化生产、"零库存"生产方式的要求。供应链管理中的一个重要思想是在生产控制中采用基于订单流的准时制生产模式,使供应链企业的业务流程朝着精益管理方向努力。

(三)战略型采购

传统的采购模式是交易型采购,很少考虑生产环节与采购环节的联系,因此与生产环节的协调性较差。其次,采购部门以压低价格为目的与供应商进行交易,使其采购关系不够牢固。随着供应链管理理念的不断深化,采购活动的组织方式由交易式采购转变为战略型采购。

战略采购是指为了使供应链稳健运营并提高供应链的竞争力,通过与行业领先或对市场有着重要影响力的供应商建立长期、稳定的合作伙伴关系,实现供需双方互惠共赢的一种新的采购业务模式。其关键在于和供应商保持密切的合作伙伴关系,特别是重要的供应商、转换成本高的供应商。在传统市场经营中的供需双方,只存在着买方和卖方的关系,而基于供应链模式下,供需双方除了是买方和卖方的关系外,同时还有战略合作关系,不再是零和博弈,而是合作双方实现共赢。因此,供应链模式下的采购方式,即是供需双方之间通过建立合作,并在合作的基础上进行采购,这种方式从根本上降低了采购风险。由于供需双方是利益共同体,共享采购信息,优化采购资源,减少采购环节,提高采购质量,同时对合作双方的发展也起到了积极的促进作用,从而实现了良性循环。

从企业战略的实施角度来说,战略采购是支持企业战略、供应链战略实施以及提高供应链的协调一致性和适应性的重要举措。

第十四讲　供应链管理环境下的采购

第三节　准时化采购策略

一、准时化采购的思想

准时化采购(JIT purchasing)又叫 JIT 采购,是一种先进的采购模式,也是一种管理哲理。它的基本思想是:在恰当的时间、恰当的地点,以恰当的数量、恰当的质量提供恰当的物品。它是从准时化生产发展而来的,为了消除库存和不必要的浪费而进行持续性改进。要进行准时化生产必须有准时化供应,因此准时化采购是准时化生产管理模式的必然要求,它和传统的采购方法在质量控制、供需关系、供应商的数目、交货期的管理等方面有许多不同,其中关于供应商的选择(数量与关系)、质量控制是核心内容。准时化采购包括供应商的支持与合作以及制造过程、货物运输系统等一系列的内容。准时化采购不但可以减少库存,还可以加快库存周转速度、缩短提前期、提高购物的质量、实现准时交货等。

二、准时化采购的特点

准时化采购作为一种先进的采购模式,与传统的采购方式存在着许多的不同之处,主要表现为以下几个方面,如表 6-1 所示。

表 6-1　准时化采购与传统采购的区别

项目	准时化采购	传统采购
采购批量	小批量,送货频率高	大批量,送货频率低
供应商选择	长期合作,单源供应	短期合作,多源供应
供应商评价	质量、交货期、价格	质量、价格、交货期
检查工作	逐渐减少,最后消除	收货、点货、质量验收
协商内容	长期合作关系、质量和合理的价格	获得最低价格
运输	准时送货、买方负责安排	较低的成本、买方负责安排
文书工作	文书工作少,需要的是有能力改变交货时间和质量	文书工作量大,改变交货期和质量的采购单多
产品说明	供应商革新、强调性能宽松要求	买方关心设计、供应商没有创新
包装	小、标准化容器包装	普通包装、没有特别说明
信息共享	快速、可靠	一般要求

(一)选择较少的供应商,甚至单源供应

传统的采购模式一般是多源采购,供应商的数目相对较多。从理论上讲,采用单源供

应比多源供应好。一方面,供应商管理比较方便,也有利于降低采购成本;另一方面,有利于供需双方之间建立长期稳定的合作关系。质量上比较有保证。但是,采用单一的供应源也有风险,比如供应商出于意外原因中断交货,以及供应商缺乏竞争意识等。

(二)对供应商的选择标准不同

在传统的采购模式中,供应商是通过价格竞争选择的,供应商与制造企业的关系是短期的合作关系,当发现供应商不合适时,制造企业可以通过市场竞标的方式重新选择供应商。但在准时化采购模式中,由于供应商和制造企业是长期的合作关系,供应商的合作能力将影响企业的长期经济利益,因此对供应商的要求就比较高。在选择供应商时,需要对供应商进行综合评估,在评价供应商时价格不是主要的因素,质量是最重要的标准,这种质量不单指产品的质量,还包括工作质量、交货质量、技术质量等多方面内容。高质量的供应商有利于建立长期的合作关系。

(三)对交货准时性的要求不同

准时化采购的一个重要特点是要求交货准时,这是实施精益生产的前提条件。交货准时取决于供应商的生产与运输条件。对供应商来说,要使交货准时,可从以下几个方面着手。第一,不断改进生产条件,提高生产的可靠性和稳定性,减少由于生产过程的不稳定导致的延迟交货或误点现象。作为准时化供应链管理的一部分,供应商同样应该采用准时化生产管理模式,以提高生产过程的准时性。第二,为了提高交货准时性,运输问题不可忽视。在物流管理中,运输问题是一个很重要的问题,它决定着准时交货的可能性。特别是全球化的供应链系统,运输过程长,而且可能要先后使用不同的运输工具、需要中转运输等,因此,要进行有效的运输计划与管理,使运输过程准确无误。

(四)对信息共享的需求不同

准时化采购要求供需双方信息高度共享,保证供应与需求信息的准确性和实时性。由于双方的战略合作关系,生产计划、库存、质量等各方面的信息都可以及时进行交流,以便出现问题时能够及时处理。

(五)制定采购批量的策略不同

小批量采购是准时化采购的一个基本特征。准时化采购和传统采购模式的一个重要不同之处在于,准时化生产需要减少生产批量,直至实现"一个流生产",因此采购物资也应采用小批量办法。当然,小批量采购自然会增加运输次数和成本,对供应商来说,这是很为难的事情,特别是供应商在国外等远距离的情形,在这种情况下实施准时化采购的难度就更大,可以通过混合运输、代理运输等方式,或尽量使供应商靠近制造商等办法解决。

三、实施准时化采购的步骤

(一)准时化采购的关键要素

前面对准时化采购与传统采购进行了比较,从中我们看到准时化采购方法和传统采购方法也存在显著差别,要实施准时化采购,以下三点是十分重要的:

(1)选择最佳的供应商,并对供应商进行有效管理是准时化采购成功的基石。

(2)供应商与制造商的紧密合作是准时化采购成功的钥匙。

（3）卓有成效的采购过程质量控制是准时化采购成功的保证。

在实际工作中，如果能够根据以上三点开展采购工作，那么成功实施准时化采购的可能性就很大了。

（二）准时化采购的关键步骤

那么如何有效地实施准时化采购呢？以下几点是实施准时化采购的关键步骤。

（1）创建准时制采购班组。世界一流企业的专业采购人员有三个责任：寻找货源、商定价格、发展与供应商的合作关系并不断改进。专业化、高素质的采购队伍对实施准时化采购至关重要。为此，首先应成立两个班组。一个是专门处理供应商事务的班组，该班组的任务是评估供应商的信誉、能力，或与供应商谈判签订准时制订货合同，向供应商发放免检签证等，同时要负责对供应商的培训与教育。二是专门消除采购过程中的浪费的班组。这些班组人员对准时化采购的方法应有充分的了解和认识，必要时应对其进行培训。如果这些人员本身对准时化采购的认识和了解都不彻底，就不可能指望与供应商的合作了。

（2）制订计划，确保准时化采购策略有计划、有步骤地实施。制定采购策略以及改进当前采购方式的内容，包括如何减少供应商的数量、供应商评价、向供应商发放免检签证等。在这个过程中，制造企业要与供应商一起商定准时化采购的目标和有关措施，保持经常性的信息沟通。

（3）精选少数供应商，建立合作伙伴关系。选择供应商应从以下几个方面考虑：产品质量、供货情况、应变能力、地理位置、企业规模、财务状况、技术能力、价格及供应商的可替代性等。

（4）进行试点工作。先从某种产品或某条生产线开始，进行零部件或原材料的准时化供应试点。在试点过程中，取得制造企业各个部门的支持是很重要的，特别是生产部门的支持。通过试点总结经验，为正式的准时化采购实施奠定基础。

（5）做好供应商培训，确定共同目标。准时化采购是供需双方共同的业务活动，单靠采购部门的努力是不够的，还需要供应商的配合。只有供应商也对准时化采购的策略和运作方法有了认识与理解，其才愿意提供支持和配合，因此需要对供应商进行培训。通过培训，大家取得一致的目标，相互之间就能够很好地协调准时化采购工作。

（6）向供应商颁发产品免检合格证书。准时化采购和传统采购方式的不同之处在于制造商不需要对采购产品进行事后的质量控制，要能够达到这一点，需要供应商能够提供100%的合格产品。当供应商达到这一要求时，就向其颁发免检证书。

（7）实现配合准时化生产的交货方式。准时化采购的最终目标是实现制造企业的准时化生产，为此，交货方式为准时制适时交货方式。

（8）持续改善、扩大成效。准时化采购是一个不断完善和改进的过程，需要在实施过程中不断总结经验教训，从降低运输成本、提高交货的准确性、提高产品的质量、降低供应商库存等各个方面进行改进，不断提高准时化采购的运作绩效。

从前面对准时化采购原理和方法的探讨中可以看到，供应商与制造商的合作关系对于准时化采购的实施是非常重要的，只有建立良好的供需合作关系，准时化采购策略才能得到彻底贯彻落实，并取得预期的效果。

从供应商的角度来说，如果不实施准时化采购，那么由于缺乏和制造商的合作，库存、交货批量都比较大,而且在质量、需求方面都无法获得有效的控制。通过建立准时化采购策略,制造商的准时化思想扩展到供应商,加强了供需之间的联系与合作,在开放性的动态信息交互下,面对市场需求的变化,供应商能够做出快速反应,提高了供应商的应变能力。对制造商来说,通过和供应商建立合作关系,实施准时化采购,管理水平得到提高,制造过程与产品质量得到有效的控制,成本降低,制造的敏捷性与柔性增加。

四、准时化采购带来的价值

(一)减少大量库存

"库存为万恶之源",通过准时化采购,可以大量减少原材料和零部件库存。根据国外某些咨询机构的测算,采用该方法,可以使原材料和外购件的库存降低 40%~80%。库存的降低,也可促使流动资金的增加,加速流动资金的周转。同时也有利于节省原材料和零部件库存占用的空间,从而降低库存成本。如美国惠普公司在实施 JIT 采购模式 1 年后其库存降低了 40%,施乐欧洲公司仓库库存量从 3 个月下降到半个月。

(二)提高采购件的质量

当企业实施准时化采购时,允许供应商参与到制造商的产品设计与制造过程。这样,一方面,供应商就可以在原材料和零部件的性能和功能方面提供有关信息,为实施产品开发创造条件,从而提高采购物品的质量;另一方面,制造商也帮助供应商提高了技术能力和管理水平。例如,美国 IBM 公司企业战略中的重要一环就是帮助供应商建立供应体系,以实现真正的本地化采购供应。这种方式可以实现 IBM 和供应商的双赢。为此,IBM 建立了一个开放、兼容的信息平台,通过此平台,IBM 可以详细地了解供应商的生产流程,产品设计、生产、质量控制等过程,为其产品线找出竞争优势。由于 IBM 具有良好的技术能力,供应商与之保持同样的发展方向就自然增加了其竞争能力。

(三)降低原材料和零部件的采购价格

由于供应商和制造商的密切合作以及规模效应,以及消除了采购过程中的一些浪费活动(如订货手续、装卸环节、检验手续等),使得原材料和外购件的采购价格得以降低。例如生产感光化学制品的美国柯达公司,通过实施准时化采购战略,使其采购物资的价格下降了 20% 以上。此外,推行准时化采购战略,不仅缩短了交货时间,节省了采购过程中人力、财力、物力的消耗,而且提高了企业的劳动生产率,增强了企业的适应能力。

(四)节约资源和提高效益

节约资源和提高效益主要表现在以下四个方面:其一,供应商同制造商建立了战略合作伙伴关系,双方基于以前签订的长期协议进行订单的下达和跟踪,不需要重复询价报价的过程。其二,在同步供应链计划的协调下,制造计划、采购计划、供应计划能够同步进行,缩短了客户响应时间。其三,采购物资直接进入制造部门,减少了采购部门的库存管理相关成本。其四,进行了制造企业和供应商之间的外部协同,提高了供应商的应变能力。

(五)保证供应链的协同运作,使企业真正实现柔性生产

供应链环境下的采购模式,制造商和供应商都围绕订单运作,从而实现了准时化、同步化运作。为了更好地实现同步化运作,采购模式就必须是并行的,即当采购部门产生一

个订单时,供应商就开始着手物资的准备工作。与此同时,采购部门编制详细采购计划,制造部门也进行生产的准备工作。当采购部门将详细的采购单提交给供应商时,供应商就能很快将物资在较短时间内交付给制造商。当客户需求发生改变时,制造订单又驱动采购订单发生改变,这样准时化采购提高了供应链的敏捷性和柔性。

第十五讲 准时化采购策略

 章节案例讨论 ---

华为在中美贸易摩擦下的采购转变

1998 年以前,华为以研发生产交换机为主业,国际市场占有率一度达到 32%,业务发展速度很快。但与此同时,与华为业务量严重不匹配的供应链管理能力导致了订单质量不高、产能不足、交付不及时、采购与生产脱节且不能满足需求量等诸多问题。1998 年,华为与 IBM 合作,开始对公司面临的主要问题进行系统性分析,并针对性地在采购、供应商管理、市场等方面提出改革方向,并于 1999 年实施集成供应链(ISC)建设项目,开始了供应商体系化管理之路的探索。

华为供应链搭建可以分为两个阶段:第一阶段为 1999 年—2004 年,在此期间,华为基本完成了国内的集成供应链建设,供应商管理水平得到了很大的提升。第二阶段为 2005 年—2015 年,华为在十余年时间中拓展了企业的国际布局,构建全球供应链并逐步解决了分布世界各地的供应商的管理问题。最终形成了供应商选择、评价与认证的供应商管理"铁三角"模式。

(1)供应商选择

华为负责供应商选择的主要部门为采购部门的各个物料专家团(CEG)。在采购部门向外部采购服务、产品及知识资产时,需要考虑其对华为的整体利益最佳值。所以 CEG 进行供应商选择时的两个目标为:选择最好的供应商、评定公平价值。为此,华为建立了完善的供应商选择机制,以及公平价值判断的标准流程,以确保采购团队选择最符合华为利益的供应商,同时保证向华为所有供应商提供平等竞争的机会。该流程秉承公平、公开和诚信的原则,通过竞争性评估、招标、价格对比与成本分析的方法进行,并以集中采购控制、供应商选择团队及供应商反馈办公室等机制作为实施的保障。

(2)供应商评价

华为内部采购部门作为供应商管理的主要负责部门,制定了供应商的评价的基本原则及具体流程,并且会定期向供应商进行评估结果的反馈。华为供应商的绩效评估主要从技术表现、产品质量、响应能力、交付表现、物料成本及合同条款履行等关键方面进行。绩效评估的目的在于给双方一个双向沟通的开放式有效渠道,促进与供应商良好合作关系的建立。同时,华为也鼓励供应商的反向回馈,站在客户角度对华为进行评价与评估,将双方的评估信息共同运用于业务关系的改善,以及华为内部运营问题的改善。

(3)供应商认证

华为根据国际电信行业联合审核合作组织(JAC)及责任商业联盟(RBA)等行业标准制定了供应商可持续发展协议。华为尽可能地向所有有合作意向的供应商提供公平、合理的竞争机会。若华为与供应商双方均有合作意向,华为会向供应商提供调查问卷,并对问卷进行评估,向供应商反馈评估结果,供应商符合要求且对合作有发展兴趣则进行后续的认证步骤。通过与供应商的面对面交流,讨论问卷评估结果,并聆听供应商对问卷评估结果的回复。再通过小规模测试及样品测试,确保供应商可以满足华为的规格及产能要求。最终的认证结果由华为采购部门知会供应商,在新一轮采购需求产生时,通过认证的供应商可作为候选企业进入供应商选择的过程。

2019年5月16日,华为被美国列入实体限制名单,这一举措不仅意味着华为在美国供应商采购的大批包含核心技术的零部件受到限制,国内相关中小企业业务及全球供应链构建也会受到影响。

从2019年华为公布的供应商名单来看,华为的92家核心供应商的海外供应商主要来自美国、韩国与日本。华为的很多关键零部件及技术都来源于美国供应商。在受到进口限制后,华为积极利用已有的库存,在搭建的供应商选择、供应商评价和供应商认证"铁三角"支撑下,及时地开始对供应商选择进行调整。在美国供应商方面,华为正在尽力降低美国对产品及技术的限制,对美国供应商提出要求,将半导体芯片产能逐步转移到中国境内生产。

在被美国列入实体限制名单后,华为开始寻求供应链结构调整,一方面调整供应商数量,中国供应商的数量持续增加,截至2019年7月底,在华为的204家供应商中,中国公司的数量已上升至92家。另一方面尝试调整结构构成,华为已经开始快速加强国内供应链建设,并与美国供应商积极磋商相关解决方案,加快供应链本土化进程。

目前,国内企业的现有水平虽然有限,但不少企业愿意铺资源做"备胎",因为进入华为供应链体系对于相关企业来说,不仅意味着技术提升及收益提升的契机,更是企业后续发展的行业背书。

在5G技术专利方面,华为也开启正面"反击"。华为在5G领域拥有专利200多项,而这些技术已经在美国的相关企业中被大范围使用。华为在2020年6月向美国通信巨头Verizon发起了专利使用索赔,要求支付使用华为5G技术的专利费用14亿美元,而对美国相关企业的专利费用索赔将达到99亿美元。另外,在国际合作方面,除与美国供应商及美资控股企业的合作受到限制外,华为与德国电信DT已经签订了5G建设订单,该项目将向德国接近一半居民提供5G服务。2020年6月20日,英国NCSC成员表示,英国将会大量储备华为相关设备,以应对美国制裁对华为设备使用的影响。

华为在积极正面摩擦的同时,我国在芯片研发方面也有了新突破。2020年6月15日,中国工程院院士刘韵洁表示,南京紫金山网络通信与安全实验室最新研发出一种CMOS毫米波全集成4通道相控阵芯片,且已经完成芯片封装和测试工序,每通道成本将降低98%——由1000元降低到20元,这为我国芯片研发生产能力进行了一次超级加速。

在中美贸易摩擦背景下,为应对美国层层封锁的新形势,华为尝试通过供应商管理进行供应链重构。通过调整供应商数量,改善供应商构成,实现对供应链的重塑,提升可持续发展管理能力,降低供应风险,提升客户满意度和供应链竞争力,应对外部环境危机。

在供应商选择和评价方面,华为开始走"扶持之路",加大供应链的多元化发展,扩大对不同元件领域的探索。在供应商认证方面,华为将会以更加开放严谨的态度对待每一个潜在的供应商。华为致力于向所有潜在供应商提供合理、平等的机会,让大家都能够展示自己的能力。

资料来源:魏旭光,郝晓倩,李悦,张敬."铁三角"的结构支撑——中美贸易摩擦背景下华为供应链重塑[EB/OL].(2020-10-14)[2023-6-12].http://www.cmcc-dlut.cn/Cases/Detail/4753.

思考:中美贸易摩擦给华为带来了哪些危机?华为是如何在"铁三角"结构支撑下进行供应链重塑的?

思考与练习

1. 如何界定采购的定义?
2. 比较分析供应链环境下的采购管理模式与传统采购管理模式之间的特点。
3. 准时化采购的基本思想是什么?准时化采购的特点是什么?

参考文献

[1] 董国强,张翠华,马林.基于JIT理论的供应链采购模式分析[J].现代管理科学,2006(2):93-94+108.

[2] 胡洪.JIT准时制采购战略[J].铁路采购与物流,2016,11(1):59-60.

[3] 冯文龙.准时制(JIT)采购的战略价值及实施[J].成都大学学报(社会科学版),2007(4):44-47.

[4] 马士华,林勇.供应链管理[M].6版.北京:机械工业出版社,2020.

[5] 宋连凤,纪新颖.供应链管理环境下的企业采购管理探究与讨论[J].商场现代化,2022(17):5-7.

[6] 申屠彬彬.探究供应链管理模式下的采购管理[J].营销界,2022(6):131-133.

[7] 王卿.基于供应链管理模式的采购管理信息化建设分析[J].中国物流与采购,2021(13):44.

[8] 吴勇,许国银.采购管理[M].南京:东南大学出版社,2016.

[9] 于飞.供应链环境下的采购管理[J].中国石油企业,2014(Z1):110-111.

[10] 张园园.供应链管理模式下企业物资采购管理研究[J].商展经济,2022(21):87-89.

CHAPTER 7

第七章

供应链管理环境下的生产计划与控制

学习目标:

通过本章的学习,了解供应链管理环境下生产计划与控制的含义、特点、主要模型、与传统生产计划与控制的差距。

知识目标:

(1)了解传统生产计划与控制的内容;

(2)掌握并理解供应链管理环境下的生产计划的新要求;

(3)掌握并理解供应链管理环境下的生产制定与控制的新特点。

能力目标:

培养学生能运用所学知识分析供应链管理环境下企业实际生产计划与控制过程中存在的问题,与传统方式相区别,并提出解决问题的方案,为企业实施生产计划与控制提供参考。

素养目标:

(1)认识到供应链管理环境下生产计划与控制和传统模式的差距;

(2)充分认识生产计划与控制的重要性;

(3)认识到供应链管理环境下应具有的前瞻性预测,激发对供应链管理的兴趣。

知识结构思维导图

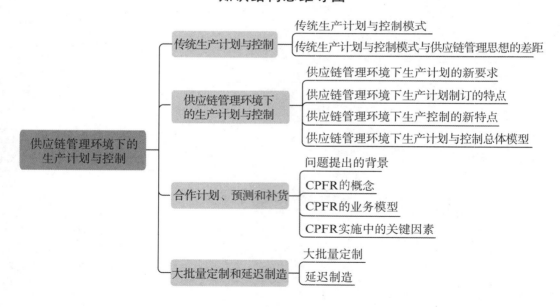

导入案例

飞思卡尔半导体公司

飞思卡尔半导体(原摩托罗拉半导体部)是全球领先的半导体公司,是一个集成了 IC 研发、芯片制造和封装测试整个流程的大型半导体企业,是美国第三大、全球第十大芯片制造商。飞思卡尔半导体公司供应链计划体系如图 7-1 所示。

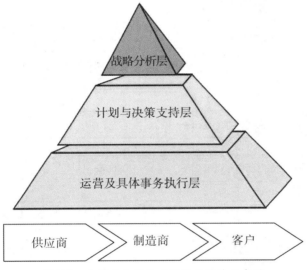

图 7-1　飞思卡尔的供应链计划体系示意图

战略分析层处于供应链计划体系的最高层,它的计划数据来自市场和销售部门,还包括决定产品的性能特征,新技术的选择和应用,服务以及库存的目标。它是企业的战略规则,包括企业的产品研发、市场占有率、销售收入、利润等,特别是要在财务和经济效益方面做出规划。它是以后各个层次计划的指导。

计划与决策支持层处于整个计划体系金字塔的中间位置。它包括了主生产计划,各工厂的计划与控制,需求预测和供需匹配,还包括了供应商的计划。它是体现企业经营规划的产品规划大纲,它通过主生产计划调节将要生产、采购的物料量和在制品量。它的目标包括平衡生产率和控制库存量和未结订单量。

最后的运营及具体事务执行层,指工厂对计划的执行、分销、整个生产过程、原材料的获得,这都是该层级所要关注的问题。

公司的战略计划部门负责确定能够扩展的制造能力来决定资本投入,以适应战略需要。它间接地影响订单履行,销售计划部门确定何时何地减少剩余产能或应用富余资本投入扩大再生产。主生产计划部门根据当前产能来决定当前产品种类和数量并决定交货期。主生产计划也驱动产品的自动转移,并影响物料需求。制造计划过程负责监控工厂的输入输出,对生产的具体过程给予平衡,并根据供应链管理部门提供的信息,设置生产顺序的优先级。销售订单管理部门根据库存及在制品状态,最大限度满足客户需求并为客户提供交货状态。物流部门控制原材料、在产品和产成品输送的及时准确,以期内部保证生产状态的连续,外部满足客户需求,达到客户满意。

总生产计划与控制流程如图 7-2 所示。

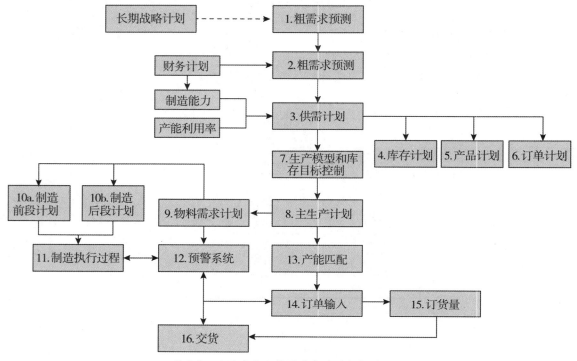

图 7-2　飞思卡尔公司总生产计划与控制流程

资料来源:肖瑞.飞思卡尔公司供应链环境下的生产计划与控制体系研究[D].天津:天津大学,2007.

思考:飞思卡尔公司在生产计划与控制管理上有什么优势? 还存在哪些改进的空间?

第一节　传统生产计划与控制

一、传统生产计划与控制模式

物料需求计划(material requirements planning,MRP)是一种以计算机为基础的制造企业生产计划与控制系统,于 20 世纪 60 年代中期由美国 IBM 公司率先实现。

MRP 从最终产品的生产计划入手,根据产品结构层次的从属关系,以产品零件为计划对象,以完工日期为基准倒排计划,确定相关需求物料(原材料、零部件等)的需要量和需要时间,以达到减少库存量和降低资金占用的目的。因此,MRP 的输入主要有主生产计划(MPS)、物料清单(BOM)、库存文件和计划订单等资料。MRP 系统的逻辑流程如图 7-3 所示。

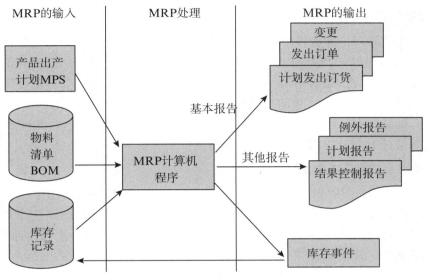

图 7-3　MRP 系统的逻辑流程

MRP 能生成企业对内外部零部件、组装件以及任何采购项的订单需求。

MRP 始于 MPS 和 BOM,根据它们生成一个总的物料需求时间表。然后根据存货记录或库存水平、采购状态、在制品等情况,计算出净需求和详细采购计划。MRP 的主要结果是物料供应计划和企业内部生产计划。

二、传统生产计划与控制模式与供应链管理思想的差距

传统的企业生产计划的基本特征是以某个企业的物料需求为中心展开的,缺乏和供应商及分销商、零售商的协调,企业的计划制订没有考虑供应商以及下游企业的实际情况,不确定性对库存和服务水平的影响较大,库存控制策略也难以发挥作用。实践证明,供应链上任何企业的生产和库存决策都会影响供应链上其他企业的运作管理行为,因此,一个企业的生产计划与库存优化控制不但要考虑本企业内部的业务流程,更要从供应链整体出发,进行全面的优化控制,打破以某个企业物料需求为中心的生产管理界限,充分了解用户需求并与供应商在经营上保持协调一致,实现信息共享与集成,以顾客化的需求驱动顾客化的生产计划,获得柔性及敏捷的市场响应能力。

传统生产计划与控制模式和供应链管理思想的差距主要表现在以下几个方面。

(一)决策信息来源的差距

生产计划的制订要依据一定的决策信息,即基础数据。在传统的生产计划与控制决策模式中,计划决策的信息来自两个方面:一是需求信息,二是资源信息。需求信息又来自两个方面:一是用户订单,二是需求预测。通过对这两方面信息的综合,得到制订生产计划所需的需求信息。资源信息则是指生产计划决策的约束条件。在以后的讨论中我们

将看到,供应链管理环境下需求信息和企业资源的概念与传统概念是不同的。多源信息是供应链环境下生产计划的特点。另外,在供应链环境下资源信息不仅来自企业内部,还来自供应商、分销商和用户。约束条件放宽了,资源的扩展使得生产计划的优化空间扩大了。

(二)决策模式的差距

传统的生产计划决策模式是一种集中式决策,而供应链管理环境下生产计划决策模式是分布式的群体决策过程。基于多代理的供应链系统是立体的网络,各个节点企业具有相同的地位,有本地数据库和领域知识库。在形成供应链时,各节点企业拥有暂时性的监视权和决策权,每个节点企业的生产计划决策都受到其他企业生产计划决策的影响,需要一种协调机制和冲突解决机制。当一个企业的生产计划发生改变时,其他企业的计划也需要做出相应的改变,这样供应链才能获得同步化的响应。

(三)信息反馈机制的差距

企业的计划要想得到很好的贯彻执行,需要有效的监督控制机制作为保证。要进行有效的监督控制必须建立一种信息反馈机制。传统的企业生产计划的信息反馈机制是一种链式反馈机制,也就是说,信息反馈是企业内部从一个部门到另一个部门的直线传递,由于递阶组织结构的特点,信息传递一般是从底层向高层信息处理中心(权力中心)反馈,形成和组织结构平行的信息递阶的传递模式。

供应链管理环境下企业的信息传递模式和传统企业的信息传递模式不同。以团队工作为特征的多代理组织模式使供应链具有网络化结构特征,供应链管理模式不是递阶管理,也不是矩阵管理,而是网络化管理。生产计划信息传递不是沿着企业内部的递阶结构(权力结构)而是沿着供应链不同的节点方向(网络结构)传递。为了实现供应链的同步化运作,供应链企业之间信息的交互频率也比传统的企业信息传递频率大得多,因此应采用并行化信息传递模式。

(四)计划运行环境的差距

供应链管理的目的是使企业能够适应多变的市场环境的需要。企业置身于这样复杂多变的环境中,增加了影响企业生产计划运行的外界环境的不确定性和动态性。供应链管理环境下的生产计划是在不稳定的运行环境下进行的,因此要求生产计划与控制系统具有更高的柔性和敏捷性,比如提前期的柔性、生产批量的柔性等。传统的制造资源计划就比较缺乏柔性,因为它以固定的环境约束变量来应对不确定的市场环境,这显然是不行的。供应链管理环境下的生产计划涉及的多是订单化生产,这种生产模式动态性更强。供应链管理环境下的生产计划与控制要更多地考虑不确定性和动态性因素,使生产计划具有更高的柔性和敏捷性,从而使企业能对市场变化做出快速反应。

第十六讲　传统生产计划与控制

第二节　供应链管理环境下的生产计划与控制

供应链是一个跨越多企业、多厂家、多部门、多地域的网络化组织,一个有效的供应链企业计划系统必须保证企业能快速响应市场需求。

一、供应链管理环境下生产计划的新要求

在供应链管理下制订生产计划主要面临以下三方面的问题。

(一)柔性约束

承诺是企业对合作伙伴的保证,而柔性实际上是对承诺的一种完善。只有在此基础上,企业间才能具有基本的信任,合作伙伴也因此获得了相对稳定的需求信息。然而,由于承诺的下达在时间上超前承诺本身付诸实施的时间,因此,尽管承诺方一般来讲都尽力使承诺与未来的实际情况接近,而误差却是难以避免。柔性的提出为承诺方缓解了这一矛盾,使承诺方有可能修正原有的承诺。由此可见,承诺与柔性是供应合同签订的关键要素。

(二)生产进度

生产进度信息是企业检查生产计划执行状况的重要依据,也是滚动制订生产计划过程中用于修正原有计划和制订新计划的重要信息。在供应链管理环境下,生产进度计划属于可共享的信息。供应链企业可以借助现代网络技术,使实时的生产进度信息能为合作方所共享。上游企业可以通过网络和双方通用的软件了解下游企业真实需求信息,并准时提供物资,下游企业可以避免不必要的库存,而上游企业可以灵活主动地安排生产和调拨物资。

(三)生产能力

企业完成一份订单不能脱离上游企业的支持,因此,在编制生产计划时要尽可能借助外部资源,有必要考虑如何利用上游企业的生产能力。任何企业在现有的技术水平和组织条件下都具有一个最大的生产能力,但最大的生产能力并不等于最优生产负荷。在上、下游企业之间稳定的供应关系形成后,上游企业从自身利益出发,更希望所有与之相关的下游企业在同一时期的总需求与自身的生产能力相匹配。对于上游企业而言,这种对生产负荷量的期望可以通过合同、协议等形式反映,即上游企业提供给每一个相关下游企业一定的生产能力,并允许一定程度上的浮动,这样,在下游企业编制生产计划时就必须考虑到上游企业的这一能力上的约束。

二、供应链管理环境下生产计划制订的特点

在供应链管理下,企业的生产计划编制过程有了较大的变动,在原有的生产计划制订

过程的基础上增添了新的特点。

(一)概念的拓展

(1)供应链管理对"资源"概念内涵的拓展。传统的企业资源计划(ERP)对企业资源这一概念的界定是局限于企业内部的,并统称为物料,因此 ERP 的核心是物料需求计划。在供应链管理环境下,资源分为内部资源和外部资源,因此,资源优化的空间由企业内部扩展到企业外部,即从供应链整体系统的角度进行资源的优化。

(2)供应链管理对"能力"概念内涵的拓展。生产能力是企业资源的一种,在一般的 ERP 系统中,常把资源问题归结为能力需求问题或能力平衡问题。但正如资源一样,ERP 对能力的利用也局限于企业内部。供应链管理把资源的范围扩展到供应链系统,对能力的利用范围也因此扩展到了供应链系统全过程。

(3)供应链管理对"提前期"概念内涵的扩展。提前期是生产计划中一个重要的变量,在 ERP 系统中这是一个重要的设置参数。但 ERP 系统一般把它作为一个静态的固定值来对待。在供应链管理环境下,并不强调提前期是否固定,重要的是交货期、准时交货,即供应链管理强调准时制:准时制采购、准时制生产、准时制配送。

(二)具有纵向和横向的信息集成过程

这里的纵向是指供应链由下游向上游的信息集成,而横向是指生产相同或类似产品的企业之间的信息共享。

在生产计划过程中,上游企业的生产能力信息在生产计划的能力分析中独立发挥作用。通过在主生产计划和投入出产计划中分别进行的粗、细能力平衡,上游企业承接订单的能力和意愿都反映到了下游企业的生产计划中。同时,上游企业的生产进度信息也和下游企业的生产进度信息一起作为滚动编制计划的依据,其目的在于保持上下游企业间生产活动的同步。

外包决策和外包生产进度分析是集中体现供应链横向集成的环节。外包所涉及的企业都能够生产相同或类似的产品,或者说这些企业在供应链网络中属于同一产品级别。企业在编制主生产计划时所面临的订单在两种情况下可能转向外包:①企业本身或其上游企业的生产能力无法承受需求波动所带来的负荷;②承接的订单通过外包所获得的利润大于企业自己生产获得的利润。无论在何种情况下,都需要承接外包的企业的基本数据来支持企业的获利分析,以确定是否外包。同时,由于企业对该订单客户负有直接的责任,因此也需要承接外包的企业的生产进度信息来确保对客户的供应。

(三)扩展了能力平衡在计划中的作用

在通常的概念中,能力平衡只是一种分析生产任务与生产能力之间差距的手段,再根据能力平衡的结果对计划进行修正。在供应链管理下的生产计划过程中,能力平衡发挥了以下作用:

(1)为主生产计划和投入出产计划进行修正提供依据,这也是能力平衡的传统作用;

(2)能力平衡是进行外包决策和零部件(原材料)急件外购的决策依据;

(3)在主生产计划和投入出产计划中所使用的上游企业的能力数据,反映了其在合作

中愿意承担的生产负荷,这可以为供应链管理的高效运作提供保证;

(4)在信息技术的支持下,对本企业和上游企业的能力状态的实时更新使生产计划具有较高的可行性。

(四)计划的循环过程突破了企业的限制

当企业独立运行各自的生产计划系统时,一般有三个信息流的闭环,而且都在企业内部:

(1)主生产计划—粗能力平衡—主生产计划;

(2)投入出产计划—能力需求分析(细能力平衡)—投入出产计划;

(3)投入出产计划—车间作业计划—生产进度状态—投入出产计划。

在供应链管理下,生产计划的信息流跨越了企业,从而增添了新的内容:

(1)主生产计划—供应链企业粗能力平衡—主生产计划;

(2)主生产计划—外包计划—外包工程进度—主生产计划;

(3)外包计划—主生产计划—供应链企业生产能力平衡—外包计划;

(4)投入出产计划—供应链企业能力需求分析(细能力平衡)—投入出产计划—上游企业生产进度分析—投入出产计划;

(5)投入出产计划—车间作业计划—生产进度状态—投入出产计划。

需要说明的是,以上各循环中的信息流都只是各自循环所必需的信息流的一部分,但它们可对计划的某个方面起决定性作用。

三、供应链管理环境下生产控制的新特点

供应链管理环境下的企业生产控制和传统的企业生产控制模式不同。在供应链环境下需要更多的协调机制(包括企业内部和企业之间的协调),体现了供应链的战略伙伴关系原则,供应链管理环境下的生产协调控制包括以下几个方面的内容。

(一)生产节奏

供应链的同步化计划需要解决供应链企业之间的生产同步化问题,只有各供应链企业之间以及企业内部各部门之间保持步调一致,才能实现供应链的同步化。供应链形成的准时生产系统,要求上游企业准时为下游企业提供必需的零部件。如果供应链中任何一个企业不能准时交货,都会导致整个供应链不稳定或中断,导致供应链对用户的响应性下降,因此严格控制供应链的生产节奏对供应链的敏捷性是十分重要的。

(二)库存控制

库存是一种浪费,但是在应对需求不确定性时有其积极的一面。在供应链管理模式下,实施多级、多点、多方管理库存的策略,对提高供应链环境下的库存管理水平、降低制造成本有着重要意义。这种库存管理模式涉及的部门不仅仅是企业内部。基于 JIT 的供应与采购,供应商管理库存(vendor managed inventory,VMI)、联合管理库存等是供应链库存管理的新方法,对降低库存都有重要作用,因此,建立供应链管理环境下的库存控制体系和运作模式对提高供应链的库存管理水平有重要作用,是供应链企业生产控制的重

要手段。

(三)生产进度

依据生产作业计划,检查零部件的投入和出产数量、出产时间和配套性,保证产品能准时装配出厂,这是生产进度控制的目的。供应链环境下的进度控制与传统生产模式的进度控制不同,因为许多产品是协作生产和转包的业务,和传统的企业内部的进度控制相比来说,其控制的难度更大,必须建立一种有效的跟踪机制进行生产进度信息的跟踪和反馈。生产进度控制在供应链管理中有重要作用,因此必须研究解决供应链企业之间的信息跟踪机制和快速反应机制。

(四)提前期

基于时间的竞争是 20 世纪 90 年代一种新的竞争策略,具体到企业的运作层,主要体现为提前期的管理。供应链环境下的生产控制中,提前期管理是实现快速响应用户需求的有效方法。缩小提前期,提高交货期的准时性是保证供应链获得柔性和敏捷性的关键因素。然而,缺乏对供应商不确定性的有效控制是供应链提前期管理中的一大难点,因此,需要建立有效的供应提前期的管理模式和交货期的设置系统。

四、供应链管理环境下生产计划与控制总体模型

根据前面的分析,我们提出供应链管理环境下的生产计划与控制总体模型,如图 7-4 所示。

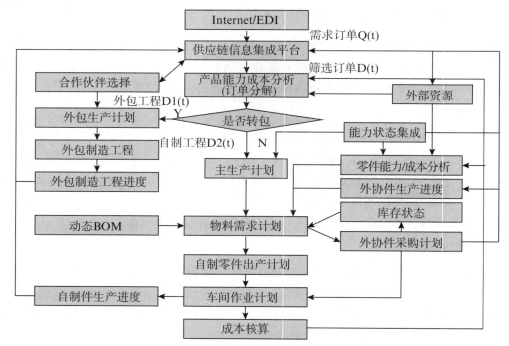

图 7-4 供应链环境下的集成生产计划与控制总体模型

供应链环境下的集成生产计划与控制总体模型具有以下几个方面的特征。

(一)生产计划的特点

(1)该模型在 ERP 系统中提出了基于业务外包和资源外用的生产决策策略与算法模型,使生产计划与控制系统更适应以顾客需求为导向的多变的市场环境的需要。生产计划控制系统更加灵活,具有更大的柔性,更能适应按订单生产企业的需要。

(2)该模型把成本分析纳入了生产作业计划决策过程中,真正体现了以成本为核心的生产经营思想。而传统的 ERP 系统中虽然有成本核算模块,但作用仅仅是事后结算和分析,并没有真正起到成本计划与控制的作用,这是对 ERP 系统的一个改进。

(3)基于该模型的生产计划与控制系统充分体现了供应链管理思想,即基于价值增值与用户满意的供应链管理模式。

(二)生产控制模式的特点

(1)订货决策与订单分解控制。在对用户订货与订单分解控制决策方面,模型设立了订单控制系统,用户订单进入该系统后,要进行三个决策过程:价格/成本比较分析;交货期比较分析;能力比较分析。最后进行订单的分解决策,分解产生两种订单:外包订单和自制订单。

(2)面向对象的、分布式、协调生产作业控制模式。从宏观上讲,企业是这样的对象体:它既是信息流、物流、资金流的始点,也是三者的终点。对生产型企业对象进一步分析,企业由产品、设备、材料、人员、订单、发票、合同等各种对象组成,企业之间最重要的联系纽带是"订单",企业内部及企业间的一切经营活动都是围绕订单运作的,通过订单驱动其他企业活动,如采购部门围绕采购订单而运作,制造部门围绕制造订单而运作,装配部门围绕装配订单而运作,这就是供应链的订单驱动原理。

面向对象的生产作业控制模式从订单概念形成开始就考虑了物流系统各目标之间的关系,形成面向订单对象的控制系统。在控制过程中,主要完成以下几个方面的任务:对整个供应链各个业务流程进行面向订单监督和协调检查;规划一个订单工程的计划完成日期和完成工作量度指标;对订单工程对象的运行状态进行跟踪监控;分析订单工程完成情况并与计划进行比较分析;根据顾客需求变化和订单工程完成情况提出切实可行的改进措施。

供应链管理环境下这种面向对象的、分布式、协调生产作业控制模式最主要的特点是信息的相互沟通与共享。建立供应链信息集成平台(协调信息的发布与接收),及时反馈生产进度有关数据,修正生产计划,以保证供应链各企业都能同步执行。

第十七讲　供应链管理环境下的生产计划与控制

第三节　合作计划、预测和补货

一、问题提出的背景

在传统的供应链实际运行中,由于制造商与零售商的活动是分离的,因此经常出现信息共享缺位导致的问题。例如,某种产品的实际需求是比较平稳的,如人们日常生活中的米、面、油等。受到人类生活特征的影响,这类产品每天的消费数量比较平稳,生产企业可以根据某地区的人口预测出市场需求。但是,实际市场运行情况并非如此简单。比如说,零售商出于提高销售量的目的,经常会开展一些促销活动。显而易见,在促销期间,销售量往往会增加。实际上,很多商品在促销期间销量上升只是将未来需求提前实现而已,在促销过后的一段时间内,市场上的销售量往往会低于正常情况下的数量,因为消费者已经在促销期间将未来需求的产品提前购买了,结果人为地造成需求的剧烈波动。按道理讲,零售商促销也是很正常的行为,但是如果制造商不知道零售商促销活动的话,就会出现生产的盲目性,造成库存过多或过低的情况,给制造商和零售商都带来不必要的损失。

人们在意识到了这类情况之后,开始就解决之道进行了艰苦的探索。其中,贡献最大的当属 CPFR 方法的产生。

二、CPFR 的概念

合作计划、预测与补货(collaborative planning, forecasting and replenishment, CPFR)是 1995 年由沃尔玛主导和提出的供应链管理的一个新模式,尤其用于供应链环境下的生产计划与控制方面,它能够克服单个企业独自制订计划带来的种种问题。协同计划、预测与补货(CPFR)是应用一系列的信息处理技术和模型技术,提供覆盖整个供应链的合作过程,通过共同管理业务过程和共享信息来改善零售商和供应商之间的计划协调性,提高预测精度,最终达到提高供应链效率、减少库存和提高客户满意程度为目的的供应链库存管理策略

三、CPFR 的业务模型

CPFR 的业务模型的业务活动可划分为计划、预测和补货 3 个阶段,包括 9 个主要流程活动,如图 7-5 所示。这 9 个步骤可以分为 5 个层次。

第一步,供应链合作伙伴之间达成 CPFR 合作协议。这一步是第一个层次,是供应链合作伙伴之间(零售商、分销商和制造商)为合作关系建立指南和规则,共同达成一个通用业务协议,包括对合作的全面认识、合作目标、保密协议、资源授权、合作伙伴的任务和成绩的检测。

第二步,组织联合工作小组,制订共同工作计划。这是第二个层次,供应链合作伙伴

相互交换战略和业务计划信息,以发展联合业务计划。合作伙伴首先建立基于合作伙伴关系的联合工作小组,然后定义分类任务、目标和策略,并建立合作项目的管理要素,如订单最小批量、交货期、订单间隔等。

第三步,创建销售预测。利用零售商 POS 数据、因果关系信息、已计划事件信息创建一个支持共同业务计划的销售预测。

第四步,识别销售预测的例外情况。识别分布在销售预测约束之外的项目,每个项目的例外准则需在第一步中得到认同。

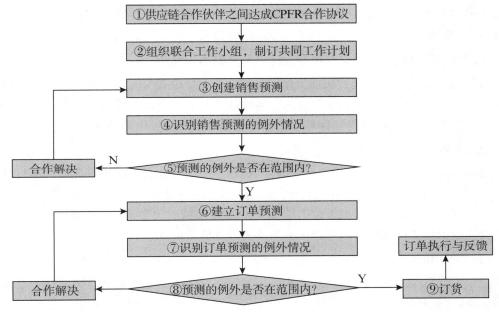

图 7-5　CPFR 的工作流程示意

第五步,销售预测例外项目的解决/合作,即判断销售预测的例外是否在范围内。

通过查询共享数据、电子邮件、电话、交谈、会议等解决销售预测例外情况,并将产生的变化提交给销售预测(第三步)。

第三步至第五步构成第三个层次。

第六步,创建订单预测。合并 POS 数据、因果关系信息和库存策略,产生一个支持共享销售预测和共同业务计划的订单预测,提出分时间段的实际需求数量,并通过产品及接收地点反映库存目标。订单预测周期内的短期部分用于产生订单,预测周期外的长期部分用于计划。

第七步,识别订单预测的例外情况。识别分布在订单预测约束之外的项目,例外准则在第一步已建立。

第八步,订单预测例外项目的解决/合作,即判断订单预测的例外是否在范围内。通过查询共享数据、电子邮件、电话、交谈、会议等调查研究订单预测例外情况,并将产生的变化提交给订单预测(第六步)。

第六步至第八步构成第四个层次。

第九步,订单产生。将订单预测转换为已承诺的订单,订单产生可由制造商或分销商根据能力、系统和资源来完成。这是第五个层次。

四、CPFR 实施中的关键因素

在 CPFR 实施过程中,获得成功的关键因素有以下几个。

(一)以"双赢"的态度看待合作伙伴和供应链的相互作用

企业必须了解整个供应链过程以发现自己的信息和能力在何处有助于供应链,进而有益于最终消费者和供应链合作伙伴。换句话说,基于 CPFR 的供应链获得成功的一个关键是从"零和竞争"的传统企业关系到"双赢"合作关系的转变。

(二)为供应链成功运作提供持续保证以及共同承担责任

这是基于 CPFR 的供应链成功运作所必需的企业价值观。每个合作伙伴对供应链的保证、权限和自身能力均不同,合作伙伴应能够调整其业务活动以适应这些不同。无论处于哪个职责层,合作伙伴坚持其保证和责任将是供应链成功运作的关键。

(三)实现跨企业、面向团队的供应链

团队不是一个新概念,建立跨企业的团队会造成一个新问题:团队成员可能参与其他团队,并与其合作伙伴的竞争对手合作。这些竞争对手互相存在"盈利/损失"关系,团队联合的深度和交换信息的类型可能造成多个 CPFR 团队中人员的冲突。在这种情况下,必须有效地构建支持完整团队和个体关系的公司价值系统。

(四)制定和维护行业标准

公司价值系统的另一个重要组成部分是对行业标准的支持。每个公司有一个单独开发的过程,这会影响公司与其合作伙伴的联合。行业标准必须制定,既便于实施的一致性,又允许公司间的不同,这样才能被有效应用。开发和评价这些标准有利于合作伙伴的信息共享和合作。

第十八讲　合作计划、预测和补货

第四节 大批量定制和延迟制造

一、大批量定制

大批量定制(mass customization,MC)一词是由斯坦·戴维斯(Stan Davis)首先创造的,他从哲学上的矛盾论等理论出发,提出"大批量"是整体,"定制"是部分,这两者在企业中可以不是对立关系,而是一种"对立统一"的关系,因而MC是一个"合成词"。MC系统可以像大批量生产(MP)时代一样以低价格吸引客户,同时却又如先工业时代那样独立地对待客户的个性化需求。后人在戴维斯的基础上将MC的定义升华为一种能力:通过高度敏捷、柔性和集成的过程,为每一个客户提供独立设计的产品和服务。它的核心思想之一是要求企业以类似于MP生产模式的时间和成本生产出具有个性化(定制化)的产品。它是一种指导企业参与市场竞争的哲理,要求企业时刻从长远利益角度来考虑其与客户的关系,以让客户满意作为最高的追求目标之一,从而吸引并永远地留住客户。

MC的基本思想是:将手工定制的生产问题通过产品重构和过程重构转化或者部分转化为批量生产问题。对客户而言,生产的产品是定制的、个性化的;而对厂家而言,定制产品主要采用MP生产方式。手工定制根据某一客户的特定需要生产一种产品或提供一种服务;MC则用一种经济的方法实现它,企业以客户为中心,在预先设计好的模块的基础上加以新的零部件设计和制造。

MC在具体实现上表现为:企业根据市场预测,按照MP或MTS生产模式生产无个性特征的基因产品,并在此基础上,根据客户订单的实际要求,通过对基因产品的重新配置和变形设计为客户提供个性化的定制产品,从而实现定制生产(customized production,CP)和MP的有机结合。MC模式的关键是实现产品标准化和制造柔性化之间的平衡。MC是矛盾统一体:大批量生产使企业获得低成本产出,但无法实现多样化;定制生产可以极大程度地满足客户的个性化需求,但可能导致高成本和交货期延长。这是两种完全不同的管理模式和组织方式,而MC则是这两者的有机统一。

MP与MC在许多方面存在差异。传统的MP系统组织结构等级化,工人重复劳动多,提供低成本、标准化的产品和服务。而MC强调在可配置环境、人员、工艺和技术下的柔性和快速响应,以低价格满足客户需求,人员富有独立性,管理系统具有有效的联络机制。

在MP环境下,客户被动地接受标准产品,使得通过规模经济获得市场拓展和价格削减成为可能。标准产品和定制产品的价格差异使得企业追逐均质市场下的需求聚类。在不稳定的市场环境下,客户需求难以统一化,这时MC模式就显示出其优势,因为在MC模式下企业更了解也更容易满足客户需求。

MC模式是建立在MP模式基础之上的体现个性化的一种生产模式,它显示了"低成本下的个性化"的魅力。尽管MC模式与传统的MP模式在产品生产数量上有相似之处,但这两种生产模式的本质是不同的,表 7-1 对这两种生产模式进行了比较。

表 7-1　MC 模式与 MP 模式的比较

比较项目	MP	MC
重点	通过稳定性和控制力来取得高效率	通过灵活性和快速响应来实现多样化和定制化
目标	以几乎人人都买得起的低价格开发、生产、销售、支付产品和服务	开发、生产、销售、交付客户买得起的,具有足够的多样化和定制化的产品和服务
关键特征	稳定的需求	分化的需求
	统一的大市场	多元化的细分市场
	低成本、质量稳定、标准化的产品和服务	低成本、高质量、定制化的产品和服务
	产品开发周期长	产品开发周期短
	产品生命周期长	产品生命周期短

此外,在 MC 模式中,技术创新扮演着重要角色,新技术的产生和应用不仅增强了产品的适应能力与产品的多样化,同时使得多品种产品的生产更加经济。

二、延迟制造

MC 是一项系统工程,需要经营理念、组织结构、业务流程的全方位转变,依赖众多的管理技术(如 JIT、精益生产)和工程技术(如标准化技术、现代产品设计方法、并行工程、计算机辅助设计/计算机辅助制造集成和可重构制造系统)。而在众多的 MC 实现手段中,延迟制造技术涵盖整个供应链,是 MC 的核心策略。

Anderson 于 1950 年提出了延迟制造(postponement)的概念,他认为产品可以在接近客户购买点时实现差异化,即实现差异化延迟。一般制造企业的产品生产流程包括零部件生产和装配,而基于延迟制造的供应链流程尽量延长产品的标准化生产,将最终的产品工艺和制造活动延迟到接受客户订单之后,在这一过程中,通过加上新的产品特征或采用通用模块装配个性化产品来实现定制化。表 7-2 将传统运作方式与延迟制造进行了对比,我们可以看到,延迟制造不仅解决了市场不确定性问题,在品种和批量上实现了柔性,缩短了订货周期,而且降低了生产运作的复杂性,这与 MC 要适应客户个性化需求、降低多样化成本和快速响应的目标是一致的。

表 7-2　传统运作与延迟制造策略对比

比较项目	传统运作	延迟制造
不确定性	具有品种和数量的不确定性	通过延迟降低品种和数量的不确定性
批量	流水线生产,实现规模经济	定制化生产,批量柔性化
库存水平	零部件和成品库存水平高	通过模块化和柔性化降低库存水平
提前期	长	准确反应,不超过订货周期
供应链方法	限制品种,获取效率优势	降低运作复杂性,提高柔性

MC 环境下延迟制造的目标是将由于客户个性化需求引起的活动延迟到接受客户订单之后,为实现这一目标,就必须"减少定制量",这是延迟制造策略的基本思路。所谓"减少定制量"就是在保证满足个性化需求的条件下尽可能地减少产品中定制的部分,即要求最大限度地采用通用的、标准的或相似的零部件、生产过程或服务等,从而实现大批量和定制的统一。

第十九讲　大批量定制和延迟制造

 章节案例讨论 --------------------------------------

Flextronics 公司

伟创力(Flextronics)国际集团成立于 1969 年,是目前全球最大电子合约制造服务商(EMS)之一。Flextronics 通过整合工业园区以强化全球、大规模、大量的生产优势。由于其工业园都建立在世界主要市场的低成本区,节约相当成本。产品可以在当地的工业园区生产后直接运送到原始设备制造商(OEM)客户的最终消费者手上,大量节省了零件进口和产品出口的运输费用。不在当地生产的产品也可以轻易地通过 Flextronics 在工业园区的生产据点网络来生产,以满足客户需求。Flextronics 建立了与供应链环境相适应的生产计划与控制的协同组织形式和滚动的计划运营模式。

1. Flextronics 公司供应链生产计划与控制的协同需求和协同供应

Flextronics 公司的协同产品项目组织形式,是由各个部门成员按客户项目分成小组,并在 PA 部门相关人员的统一领导和协调下组成项目小组。该项目小组以 Daily Production Meeting(DPM-每日生产会议)的形式进行沟通协调,提出问题、分析问题并协商解决问题的方案,落实到相关责任人和部门进行实时跟踪,形成跟踪反馈机制。每次 DPM 开始时先回顾上次会议留下而未解决的问题的进展情况,并再次落实具体的解决时间和措施;然后再讨论新的进展状况以及出现的新问题,并落实到具体负责人拿出措施并在承诺期内予以解决。通过这种方式可以有效地进行生产进度的控制,保证生产计划与企业实际情况相符和执行。

Flextronics 公司利用 Internet、Email 和 ERP 系统等信息技术与 OEM 客户、供应商和 SMI 运营商建立沟通协调平台,通过把项目小组相关人员的 E-mail 加入 OEM 客户相关网络中、注册账户登录到 OEM 客户的相关数据信息系统中以及在公司设立办公室与客户共同办公,Flextronics 公司项目小组的负责人就可以把 DPM 上得到的重要信息及时反馈传送给 OEM 客户,征求其意见和答复;OEM 客户可以实时地把需求信息、产品变更信息(ECO-工程变更通知)、BOM 和其他相关信息传递给 Flextronics 公司相关项目小组成员,这样能做到相关信息(包括生产进度信息、客户需求信息和产品信息等)的实时反馈沟通和共享,及时发现和解决问题,有效地控制和保证生产按计划顺利进行或及时调整计划,提高响应速度。

　　Flextronics 公司的协同物料供应是通过 Internet、ERP 系统和 E-mail 与供应商和 SMI 运营商进行实时信息共享、协调来实现的。采购人员把根据新需求信息制定的物料需求计划、采购计划、车间生产计划和交货要求通过系统实时传送给供应商,让供应商及时地做出调整,迅速响应 Flextronics 公司的需求,并把新的供应信息迅速反馈给采购部门,保证 Flextronics 新计划的顺利执行。特别是 Flextronics 公司充分应用了 SMI 来解决物料供应的问题,特别是像彩盒(gift box)、carton 之类更新快、独特物料的供应问题。

　　Flextronics 公司的 SMI(Suppler Managed Inventory)和 OEM 客户的 VMI(Vendor Managed Inventory)都是供应商管理库存,虽然二者在内在的逻辑本质上有着相似性,都是把库存管理的责任移交给"供应商—客户"关系中的上游主体"供应商"。但是它们各自在供应链中所处的不同位置,所以各自关注供应链的不同方向,并且面对不同性质的需求(相关需求和绝对需求)。对于 Flextronics 供应链而言,VMI 是其 OEM 客户用来协调管理供应链下游最终产品(成品)的库存,包括从制造商、分销商或批发商流向零售商或其他经销商的库存,这些库存信息来源于市场,是独立需求;而 SMI 是针对 Flextronics 制造系统流程内部原材料、零部件库存的流通进行管理的协调机制,Flextronics 既定的车间生产计划和物料需求计划以及采购计划是驱动 SMI 补货机制的主要动因,由此可知,Flextronics 供应链中 SMI 面对的是相关需求,也就是 Flextronics 用于满足生产的物料需求。Flextronics 供应链中的 SMI 和 VMI 的收益在本质上都是围绕更低的供应链库存和管理成本而展开,但二者对收益的贡献是通过不同方式实现的。首先,由于 SMI 在供应链中处于上游,面对 Flextronics 公司产生的相关需求,并且其运行环境与 Flextronics 公司密切相关,因此 Flextronics 在实施 SMI 后并在运作中通过利用相互间的信息沟通平台,实现实时信息共享,使供应商实际上参与到了 Flextronics 公司的生产计划编排和制造环节上,这种参与度的提高使得供应商在尽量减少发生在原材料和零配件的供应过程中因退货和返修而导致的费用支出的过程中自觉提供高品质的原材料产品,从而保证了最终产品品质的一致性,同时也促使了更合理高效的补货流程,交货提前期大为缩短,响应性和敏捷性大大加强,特别是在需求变更和发布 ECO 变更 BOM 的情况下,显得尤为突出。其次,需求及供应链的可见度提高也是由于信息共享产生的,这在 VMI 中是比较明显的特点,但在 SMI 中就有着比较特别的意义,因为 Flextronics 制造系统是在公司内部进行,它几乎运行在一个封闭的经济环境中,Flextronics 几乎感觉不到消费者对最终产品的需求情况,从而导致预测困难或者预测被不切实际地夸大,产生"牛鞭效应"。但是通过实施 SMI,原材料供应商就与 Flextronics 共享生产计划、物料需求计划和采购计划信息,因此就可以与 Flextronics 进行协同式的准时的物料供应,而不是靠预测。

　　Flextronics 公司通过上述基于信息共享、相互信任上的协同预测和补货运作,增强供应链上下游合作伙伴步调的一致性,可有效地减少供应链的需求波动以及其他因素导致的不确定性,从而有效地减少"牛鞭效应"的产生,实现供应链的整体优化和"多赢"。

下面是 Flextronics 公司 SMI 流程示意图(图 7-6)以及 VMI 和 SMI 需求特点示意图(图 7-7)。

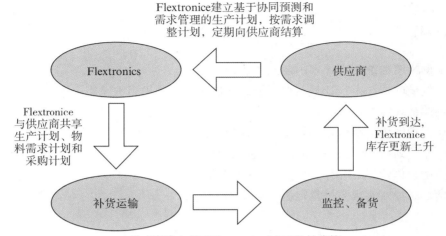

图 7-6　Flextronics 公司 SMI 流程示意图

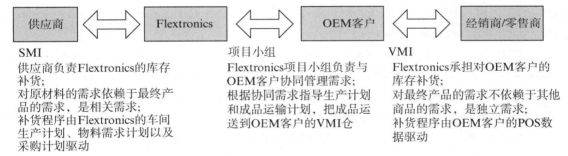

图 7-7　Flextronics 公司 SMI 和 VMI 需求特点示意图

2. Flextronics 滚动计划模式

Flextronics 采用滚动计划形式来进行生产计划的制定。滚动计划也称滑动计划,是适应供应链运营环境的一种动态的编制计划的方法,是按照"近细远粗"的原则制定一定时期内的计划,然后按照计划的执行情况,考虑企业内外环境条件的变化,调整和修订未来的计划,并逐期向后移动,把短期计划和中期计划结合起来的一种计划方法。

Flextronics 按照不同的计划来确定计划滚动期,一般长期计划按年滚动;年度计划按月滚动;月度计划按周滚动,周计划按日滚动等。由于在供应链环境下,客户需求变化频繁,企业要做到按客户需求组织生产和交付,就必须根据企业实际生产状况和其他环境状况制定计划,保证计划的可执行性。传统的计划固定产量和批量的计划方法显然是不能满足这一要求的。而滚动计划因为其特有的优点,有效地解决这一问题。

资料来源:陈永奇.供应链环境下 Flextronics 公司生产计划与控制的研究[D].武汉:华中科技大学,2010.

思考:你认为 Flextronics 公司运用的协同组织形式和滚动的计划运营模式能给公司的订单生产与交付带来什么样的变化?

思考与练习

1.举例说明传统生产计划的制定方法。

2.举例说明传统生产计划与控制模式与供应链管理思想的差距。

3.供应链环境下生产计划制订有哪些特点?

4.如何理解供应链管理环境下生产计划与控制模型?

5.合作计划、预测与补货的核心思想是什么?

6.实施合作计划、预测与补货的关键因素是什么?

7.延迟制造对实现大批量定制有何作用?

参考文献

[1] 曹翠珍.供应链管理[M].北京:北京大学出版社,2016.

[2] GU P,SOSALE S. Production Modularization for Life Cycle Engineering[J]. Robotics and Computer Integrated Manufacturing,1999,15:387-401.

[3] KREIPL S,PINEDO M. Planning and Scheduling in Supply Chains:An Overview of Issues in Practice[J]. Production and Operations Management,2004,13(1):77-92.

[4] 徐福缘,李敏,顾新建,等.实施大批量定制的基本思路及其时空集成优化模型[J].管理工程学报,2002,16(2):50-52.

[5] 许文超,周炳海.基于延迟策略供应链管理的改善[J].精密制造与自动化,2019(4):40-45.

[6] 周晓,马士华.面向顾客化大量生产的 MRPII 改进方案[J].工业工程,2002(4):26-30.

CHAPTER **8**

第八章

供应链管理环境下的库存控制

学习目标：

通过本章的学习，了解传统库存控制方法与问题，掌握供应链管理环境下的库存概念、意义及方法模式。

知识目标：

(1)了解传统库存控制方法及问题；

(2)掌握供应商管理库存的模式与意义；

(3)了解联合管理库存的内容。

能力目标：

(1)能识别不同的库存模式；

(2)能识别不同类型的库存模式对企业的影响。

(3)能分析出企业在库存管理方面存在的问题。

(4)能对库存问题进行解决，使库存管理水平得到提升。

素养目标：

(1)学会识别库存成本和运输成本，了解库存控制方法和管理策略。

(2)具备一定的库存问题解决方案设计能力，并能够将其运用到实际中去。

知识结构思维导图

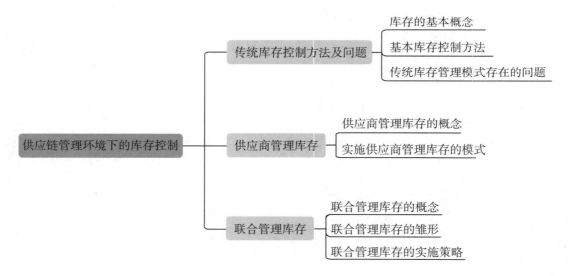

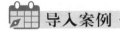 **导入案例** --

飞思卡尔的库存管理策略

飞思卡尔公司是一家半导体制造商。在物流服务方面,它采用第三方物流模式,即将物流业务外包,交给专业物流公司进行管理,从而使得企业更加专注于自己的核心业务和专业领域。合作的第三方物流公司,通过 EDI/Internet,对每种产品、在制品及原材料的 ID 码进行控制,并实现条形码管理,反映各种物料数量、所处库存及库存日期。

在库存管理领域,飞思卡尔采用了与电子制造服务商 EMS(Electronic Manufacturer Service)战略合作,基于供应链集成化运作的决策代理模式,把自身的库存决策权代理给分销商,由分销商或批发商行使库存决策的权力。目前正逐步采用联合库存管理方法,与 EMS 进行风险分担的库存管理模式。飞思卡尔已在全球 31 个国家(地区)建立了分公司,并在各大洲都联合建立了分销中心及针对产品种类建立的专业分销商服务机构,克服了自身分公司销售的信息不畅、对客户需求了解不足等弊端。

对于飞思卡尔来说,选择专业物流提供商,是为了采用它的商品递送与运输的核心竞争力。而在供应链更深层次的库存管理方面,飞思卡尔选择类似安富利(Avnet)这样的公司来为其客户提供库存控制和分销服务。(安富利公司是全球知名元器件分销商)

飞思卡尔建立了一个 JIT 执行项目,该项目服务于其最大的多家客户,简化了元器件流向合同制造商过程。这是一个基于需求拉动的精益概念,采用了一种滚动预测方法,每周飞思卡尔与客户一起对这种预测进行评估,然后根据这种预测,飞思卡尔每次向占其销售额 15%～20% 的大约 46 家客户发送可供两周消耗的器材。通过这一计划,飞思卡尔的按时交货率大幅度提高。这种精益供应链模型要求其供应商将库存保持在其 EMS 的场所里。

在 JIT 模式下,大部分库存责任仍在飞思卡尔,但通过使渠道中的产品数量降至最低水平,它同时也降低了自己的风险。此外,飞思卡尔还通过其他方式来控制库存风险,比如利用库存延期来控制库存天数。

资料来源:肖瑞.飞思卡尔公司供应链环境下的生产计划与控制体系研究[D].天津:天津大学,2007.

思考:飞思卡尔公司采用哪种库存管理办法? 你如何理解?

第一节　传统库存控制方法及问题

一、库存的基本概念

(一)库存的含义

库存(inventory)表示用于达到将来目的的、暂时处于闲置状态的资源。广义的库存还包括处于制造加工状态和运输状态的物品。

(二)库存的作用

库存的作用主要表现为以下几个方面。

1. 维持销售产品的稳定

销售预测型企业对最终销售产品必须保持一定数量的库存,其目的是应对市场的销售变化。这种方式下,企业并不预先知道市场真正需要什么,只是按对市场需求的预测进行生产,因而产生一定数量的库存是必需的。

2. 维持生产的稳定

企业按销售订单与销售预测安排生产计划,并制订采购计划,下达采购订单。由于采购的物品需要一定的提前期,这个提前期是根据统计数据或者是在供应商生产稳定的前提下制订的,但存在一定的风险,有可能会拖后而延迟交货,最终影响企业的正常生产,造成生产的不稳定。为了降低这种风险,企业就会增加材料的库存量。

3. 平衡企业物流

企业在采购材料、生产用料、在制品及销售物品的物流环节中,库存起着重要的平衡作用。采购的材料会根据库存能力(资金占用等),协调来料收货入库。同时对生产部门的领料应考虑库存能力、生产线物流情况(场地、人力等)平衡物料发放,并协调在制品的库存管理。另外,对销售产品的物品库存也要视情况进行协调(各个分支仓库的调度与出货速度等)。

4. 平衡企业物流资金使用

库存的材料、在制品及成品是企业流通资金的主要占用部分,因而库存量的控制实际上也是进行流通资金的平衡。例如,加大订货批量会降低企业的订货费用,保持一定量的在制品库存与材料会节省生产交换次数,提高工作效率,但这两方面都要寻找最佳控制点。

(三)库存的弊端

首先库存占用企业大量资金,通常情况下会达到企业总资产的 20%～40%。库存管理不当会形成大量资金的沉淀。

其次库存增加了企业的产品成本与管理成本,库存材料的成本增加直接增加了产品成本,而相关库存设备、管理人员的增加也加大了企业的管理成本。

最后库存掩盖了企业众多管理问题,如计划不周、采购不力、生产不均衡、产品质量不稳定及市场销售不力等问题。

库存是具有二重性的。一方面,库存是生产和生活的前提条件。另一方面,库存又是生产和生活的负担。正因为如此,库存被企业界公认为"必要的恶魔"。库存控制既要防止缺货、避免库存不足,又要防止库存过量,避免发生大量不必要的库存费用。

二、基本库存控制方法

在库存管理理论中,一般根据物品需求的重复程度分为单周期需求问题和多周期需求问题。单周期需求问题也叫一次性订货问题,这种需求的特征是物品寿命周期很短,因而很少或没有机会重复订货,如报纸或特定节假日商品。多周期需求问题是在长时间内需求反复发生,库存需要不断补充。

多周期需求的属性分为独立需求库存与相关需求库存两种。独立需求是指需求变化独立于人们的主观控制能力,其数量与出现的概率是随机的、不确定的、模糊的。相关需求的需求数量和需求时间与其他的变量存在一定的相互关系,可以通过一定的结构关系推算得出。对一个相对独立的企业而言,其产品是独立需求变量,因为需求数量与需求时间对于系统控制主体(企业管理者)而言一般是无法预先精确确定的,只能通过一定的预测方法得出。而生产过程中的在制品以及需要的原材料,则可以通过产品的结构关系和一定的生产比例关系准确确定。

独立需求的库存控制与相关需求的库存控制原理是不同的。独立需求对库存控制系统来说是一种外生变量,相关需求则是控制系统的内生变量。不管是独立需求库存控制还是相关需求库存控制,都要回答这些问题:如何优化库存成本?怎样平衡生产与销售计划,以更好地满足一定的交货要求?怎样避免浪费,避免不必要的库存?怎样避免缺货损失和利润损失?归根到底,库存管理要解决三个主要问题:确定库存检查周期;确定订货量;确定订货点(或者说确定订货时间)。

独立需求库存控制采用的是订货点控制策略,最基本的策略有四种:①连续性检查的固定订货量、固定订货点策略,即(Q,R)策略;②连续性检查的固定订货点、最大库存策略,即(R,S)策略;③周期性检查策略,即(t,S)策略;④综合库存策略,即(t,R,S)策略。

1. (Q,R)策略

(Q,R)策略的示意图如图8-1所示。其中,Q表示订货量;LT表示提前期;R表示订货点水平。

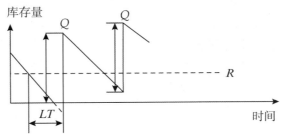

图8-1　连续性检查(Q,R)策略

该策略的基本思想是:对库存进行连续性检查,当库存降低到订货点水平 R 时,即发出一个订货,每次的订货量保持不变,都为固定值 Q。该策略适用于需求量小、缺货费用较高、需求波动性很大的情形。

2. (R,S) 策略

该策略和 (Q,R) 策略一样,都是连续性检查类型的策略,也就是要随时检查库存状态。当发现库存降低到订货点水平 R 时,开始订货,订货后使最大库存量保持不变,即为 S,若发出订单时库存量为 I,则订货量为 $S-I$。该策略和 (Q,R) 策略的不同之处在于其订货量按实际库存而定,因而订货量是可变的。

3. (t,S) 策略

该策略是每隔一定时期检查一次库存,并发出一次订货,把现有库存补充到最大库存量 S,如果检查时库存量为 I,则订货量为 $S-I$。如图 8-2 所示,经过固定的检查期 t 发出订货,这时,库存量为 I_1,订货量为 $S-I_1$。经过一定的时间 LT,库存补充 $S-I_1$,库存到达 A 点。再经过一个固定的检查时期 t,又发出一次订货,订货量为 $S-I_2$,经过一定的时间(LT 为订货提前期,可以为随机变量),库存又达到新的高度 B。

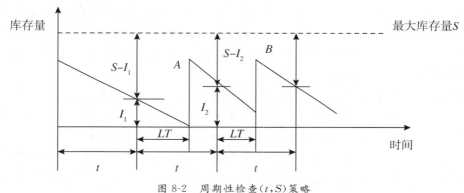

图 8-2 周期性检查 (t,S) 策略

该策略不设订货点,只设固定检查周期和最大库存量。该策略适用于一些不很重要的或使用量不大的物资。

4. (t,R,S) 策略

该策略是 (t,S) 策略和 (R,S) 策略的综合。如图 8-3 所示,这种库存补给策略有一个固定的检查周期 t、最大库存量 S、固定订货点水平 R。当经过一定的检查周期 t 后,若库存低于订货点,则发出订货;否则,不订货。订货量等于最大库存量减去检查时的库存量。当经过固定的检查周期到达 A 点时,此时库存已降低到订货点水平 R 之下,因而应发出一次订货,订货量等于最大库存量 S 与当时的库存量 I_1 的差,即 $S-I_1$。经过一定的订货提前期后在 B 点订货到达,库存补充到 C 点。在第二个检查周期到来时,此时库存位置在 D 点,比订货点水平位置线高,无须订货。当第三个检查周期到来时,库存点在 E 点,等于订货点,又发出一次订货,订货量为 $S-I_3$。如此循环进行下去,实现周期性库存补给。

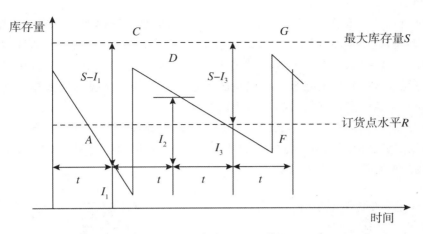

图 8-3　综合库存 (t, R, S) 策略

三、传统库存管理模式存在的问题

传统的企业库存管理都是站在单一企业的角度来看待库存管理,是从本企业的库存引发的存储成本和订货成本出发确定经济订货批量和订货点。在过去市场竞争不是很激烈、客户需求变化不是很频繁的情况下,这种库存管理方法有一定的适用性,但从供应链管理整体的角度看,这种单一企业库存管理的方法显然是不够完善的。

在供应链管理环境下,如果依然采用传统企业管理模式下库存控制的方法,就会产生以下几个问题。

(一)缺乏供应链的整体观念

一般的供应链系统都没有针对全局供应链的绩效评价指标,这是普遍存在的问题。有些企业采用库存周转率作为供应链库存管理的绩效评价指标,但是没有考虑对用户的反应时间与服务水平。因此,传统的以企业为单位的库存管理指导思想是不适用于供应链环境的,也不可能降低供应链中的总体库存水平。

(二)库存控制策略简单化

无论是生产性企业还是物流企业,控制库存的目的都是保证供应链运行的连续性和应对不确定需求。了解和跟踪引起不确定性状态的因素是第一步,第二步是要利用跟踪到的信息来制定相应的库存控制策略。这是一个动态的过程,因为不确定性也在不断地变化。

许多公司对所有的物品采用统一的库存控制策略,物品的分类没有反映供应与需求中的不确定性。在传统的库存控制策略中,多数策略是面向单一企业的,采用的信息基本上来自企业内部,库存控制没有体现出供应链管理的思想。如何建立有效的库存控制方法,并能体现供应链管理的思想,是供应链库存管理的重要内容。

(三)决策信息不准确

在供应链中,各个供应链节点企业之间的需求预测、库存状态、生产计划等都是供应链管理的重要数据。这些数据分布在不同的供应链组织之间。要做到有效地快速响应用户需求,必须实时地传递信息,为此需要对供应链的信息系统模型做相应的改变,通过系统集成的办法,使供应链中的库存数据能够实时、快速地传递。但是,目前许多企业的信息系统就像孤岛一样,各自为政,没有很好地集成起来。当供应商需要了解用户的需求信息时,得到的常常是延迟的甚至是不准确的信息。由于延迟会引起误差和影响库存量的精确度,因此短期生产计划的实施也会遇到困难。

从以上几个方面可以看出,传统企业管理模式下的库存控制思想和方法在供应链管理时代都已不能适应现代市场竞争的需要。因此,人们对库存控制模式进行了艰苦的探索,试图找到更有效的手段和方法。

第二十讲　基本库存控制方法

第二十一讲　供应链环境下的库存问题

第二节　供应商管理库存

一、供应商管理库存的概念

供应商管理库存(vendor managed inventory,简称 VMI)是一种以用户和供应商双方都获得最低成本为目的,在一个共同协议下由供应商管理库存,并不断监督协议执行情况和修正协议内容,使库存得到持续改进的合作性策略。

VMI 策略的主要思想是供应商在用户的允许下设立库存,确定库存水平和补给策略,并拥有对库存的控制权和决策权。精心设计的 VMI 系统,不仅可以降低供应链的库存水平、降低成本,而且还可以使用户获得高水平的服务,改进资金流,与供应商共享需求变化的透明性并获得更多用户的信任。

二、实施供应商管理库存的模式

(一)"制造商—零售商"VMI 模式

这种模式通常存在于制造商作为供应链上游企业的情形中,制造商对其客户(如零售商)实施 VMI,如图 8-4 所示。图中的制造商是 VMI 的主导企业,负责对零售商的供货系统进行检查和补充,这种模式多出现在制造商是一个比较大的产品制造企业的情况下,制造商具有相当的规模和实力,完全能够承担起管理 VMI 的责任,如美国的宝洁就发起并主导了对大型零售商的 VMI 管理模式的实施。

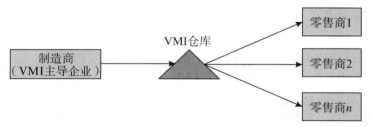

图 8-4 "制造商—零售商"VMI 系统

(二)"供应商—制造商"VMI 模式

这种模式通常存在于供应商是供应链上实施 VMI 的上游企业的情况中,制造商要求其供应商按照 VMI 的方式向其补充库存,如图 8-5 所示。此时,VMI 的主导企业可能还是制造商,但它是 VMI 的接受者,而不是管理者,此时的 VMI 管理者是该制造商的上游的众多供应商。

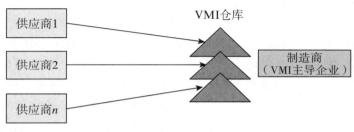

图 8-5 "供应商—制造商"VMI 模式

(三)"供应商—3PL—制造商"VMI 模式

这种模式引入了一个第三方物流(3PL)企业,由其提供一个统一的物流和信息管理平台,统一执行和管理各个供应商的零部件库存控制指令,负责完成向制造商生产线上配送零部件的工作,而供应商则根据 3PL 的出库单与制造商按时结算,如图 8-6 所示。

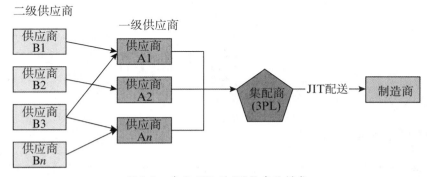

图 8-6 基于 3PL 的 VMI 实施模式

(四)Supply-Hub 供应物流协同管理模式

VMI-Hub 管理模式主要是由 3PL 进行运营和组织实施,这一模式不仅起到降低库存的作用,它在保证和协调零部件供应商向总装配企业同步供货方面以及在保证零部件的齐全配套方面具有独到的价值。所以,人们又将这一模式称为 Supply-Hub,即在协同供应方面的价值,如图 8-7 所示。

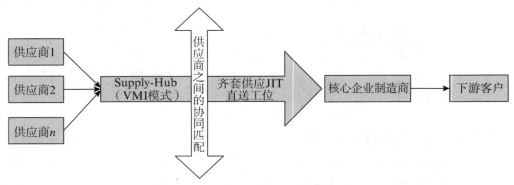

图 8-7　Supply-Hub 的供应物流协同模式

由图 8-7 可以看出,Supply-Hub 作为众多零部件供应商与核心企业制造商之间的协同组织,为上游供应商提供的是"集"的服务,即根据制造商的装配计划需求集中采购、运输和存储来自多个供应商的各种零部件。更为重要的是,它能够利用自己的信息系统对装配一种产品所需的零部件进行预先匹配,如果发现某种零部件有缺货的风险,就立即采取措施进行补货,把由于供应商缺件而引起的供应链中断的风险消除在萌芽状态。Supply-Hub 还可以在"集"的前提下按照制造商的要求将仓库中的零部件准时、齐套地直送到生产线的各个工位上,也就是说可以为制造商提供直送工位的"配"的服务。"集"的服务最能够体现多个供应商之间的协同供应;"配"的服务则是 JIT 实施效果的直接保证。

第二十二讲　供应商管理库存

第三节　联合管理库存

一、联合管理库存的概念

VMI 是一种供应链集成化运作的决策代理模式,它把客户的库存的控制权和决策权交给供应商,当然供应商也要承担更大的责任和风险,这样还是与供应链管理的双赢原则略有差距。因此,联合管理库存 Jointly Managed Inventory,简称 JMI 应运而生,联合管理库存是供应链集成化运作的决策模式,在共享库存信息的基础上,以消费者为中心,共同制订统一的产品生产计划和销售计划,将计划下达到各制造单元和销售单元执行。

JMI 和 VMI 不同,它强调双方同时参与,共同制订库存计划,使供应链过程中的每个库存管理者(供应商、制造商、分销商)都从相互之间的协调性考虑,保持供应链相邻两个节点之间的库存管理者对需求的预期一致,从而消除需求变异放大现象。任何相邻节点需求的确定都是供需双方协调的结果,库存管理不再是各自为政的独立运作过程,而是变成了供需连接的纽带和协调中心。

二、联合管理库存的雏形

JMI 的思想可以从分销中心的联合库存功能谈起。地区分销中心体现了一种简单的 JMI 的思想。传统的分销模式是分销商根据市场需求直接向工厂订货,比如汽车分销商(或批发商),根据顾客对车型、款式、颜色、价格等的不同需求,向汽车制造厂订货,需要经过较长时间货才能送达。但是因为顾客不想等待这么久的时间,因此各个分销商不得不进行库存备货,这样大量的库存使分销商难以承受以至于破产。据估计,在美国,通用汽车公司销售 500 万辆轿车和卡车,平均价格是 18500 美元。假如分销商要维持 60 天的库存,库存费是车价格的 22%,一年总库存费用达到 3 亿～4 亿美元。而采用地区分销中心,就大大减缓了库存浪费的问题。采用分销中心后的分销模式如图 8-8 所示,各个分销商只需要少量的库存,大量的库存由地区分销中心储备,也就是各个分销商把其库存的一部分交给地区分销中心负责,从而减轻了各个分销商的库存压力。分销中心就发挥了JMI 的功能。分销中心既是一个商品的联合库存中心,同时也是需求信息的交流与传递枢纽。

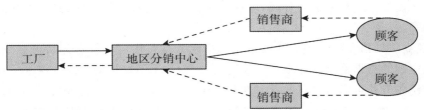

图 8-8　有地区分销中心的销售模式

从分销中心的功能我们得到启发,对现有的供应链库存管理模式进行了拓展和重构,提出了 JMI 新模式——基于协调中心的联合管理库存系统,如图 8-9 所示。

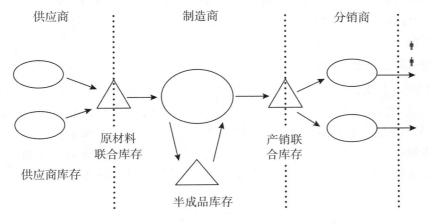

图 8-9　基于协调中心联合库存管理系统模式

其中,原材料联合库存和产销联合库存就是这个供应链中的联合管理库存协调中心,使供应链实现上下游企业之间协调的计划和共同的库存管理。

联合管理库存系统把供应链系统管理进一步集成为上游和下游两个协调管理中心,从而部分消除了由于供应链环节之间的不确定性和需求信息扭曲现象导致的供应链的库存波动。协调管理中心使供需双方共享需求信息,因而起到了提高供应链的运作稳定性的作用。

三、联合管理库存的实施策略

(一)建立供需协调管理机制

为了发挥 JMI 的作用,供需双方应从合作的精神出发,建立供需协调管理机制,通过相互协调作用明确各自的目标和责任,建立合作沟通的渠道,为供应链的 JMI 提供有效的机制。建立供需协调管理机制,应从以下几个方面着手。

(1)建立共同的合作目标。要建立 JMI 模式,首先供需双方应本着互惠互利的原则,建立共同的合作目标。为此,要理解供需双方在市场目标方面的共同之处和冲突点,通过协商形成共同的目标,如用户满意度、利润的共同增长、盈利能力提升、风险减少等。

(2)建立联合库存的协调控制方法。联合管理库存中心担负着协调供需双方利益的角色,起着协调控制器的作用。因此需要对库存优化的方法进行明确,内容包括库存如何在多个需求商之间进行调节与分配,库存的最大量和最低库存水平、安全库存的确定、需求的预测等。

(3)建立一种信息沟通的渠道或系统。信息共享是供应链管理的特色之一。为了提高整个供应链的需求信息的一致性和稳定性,减少由于多重预测导致的需求信息扭曲,应增加供应链各方获得需求信息的及时性和透明性。为此应建立一种信息沟通的渠道或系统,以保证需求信息在供应链的畅通和准确性。要将条码技术、RFID 技术、扫描技术、POS 系统和 EDI 系统集成起来,并且要充分利用互联网的优势,在供需双方之间建立一个畅通的信息沟通桥梁和联系纽带。

(4)建立利益分配和激励机制。要有效运行基于协调中心的库存管理,必须建立一种公平的利益分配制度,并对参与协调库存管理中心的各个企业(供应商、制造商、分销商或批发商)进行有效的激励,防止机会主义行为,增加协作性和协调性。

(二)发挥第三方物流企业的作用

第三方物流企业是供应链集成的一种技术手段,它为用户提供各种物流方面的增值服务,如产品运输、订单选择、库存管理等。把 JMI 的部分功能代理给第三方物流系统来进行管理,可以使企业更加集中精力于自己的核心业务,如图 8-10 所示。

面向协调中心的第三方物流系统使供应与需求双方都取消了各自独立的库存,增加了供应链的敏捷性和协调性,并大大改善了供应链的用户服务水平和运作效率。

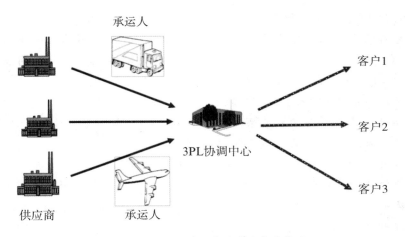

图 8-10　3PL 系统在供应链中的作用

第二十三讲　联合库存管理

 章节案例讨论 --------------------------------

F 公司的库存管理

F 公司是我国台资集团在大陆兴办的高新科技企业。自 20 世纪 90 年代在深圳投资建厂以来,集团规模与实力迅速壮大,拥有数万员工及全球顶尖客户群。产品广泛涉足电脑、通信、消费电子、数位内容、汽车零组件、通路、云运算服务及新能源、新材料开发应用等多个产业领域,是全球代工厂之一,在我国制造行业中占有重要的地位。

F 公司现有的库存管理主要包括 ABC 分类管理法以及四种不同的叫料模式。

1. ABC 分类库存管理法

F 公司是按物料订购周期长度、在产品中所占的比重对物料进行分类,发光二极管在 BOM 表中的主要物料有晶片、支架、银胶、金线、模条,其中晶片、银胶是从台湾采购,周期较长、最小订单量较大、价格较贵,但是银胶在产品中用量又比较少;金线虽然是在大陆采购,但是属于垄断性物料,需要先付款后发货,价格也较贵;支架和模条都是大陆采购,而且厂商在公司附近设有仓库。按照各物料的特性分类,晶片、金线、银胶是 A 类,支架、模条是 B 类,其他包材、化学品就是 C 类。仓库对物料盘点要求,A、B、C 类仓库人员每天需盘点,白夜班交接清楚,A 类产品关务、物控人员每 3 个月盘点一次,B、C 类每半年盘点一次。

2010 年集团增加 SMD 发光二极管生产,因里面一种晶片与原产品不同,需要从日本采购,但期间增加了采购成本和采购周期,整个周期需要 40 天左右。采购人员只会监督物料是否按时到厂、PM 人员只监督产品是否按时出货、生管/物控人员根据交货计划排出生产计划,各段人员只关心自己的部分。在 PM 积极开拓市场后,F 公司收到新客户 100KPCS 订单,并按照厂内生产计划给出交期回复给客户。但是到生产当天生管人员才发现晶片数量不够并且物控人员没有按照交货周期提前下单给采购,原料晶片无法跟上新产品生产计划,即使紧急下单也无法满足生产,导致第一批订单无法按量发货,也给客户造成不好的影响,并赔付客户断线损失 2000 美金。

此次事件后续总结是因为物控人员有调岗,经验丰富的老员工虽然还没有接单但是会根据物料周期提前给出需求预测让台湾厂商备料,但是新员工刚刚接手没有经验还是按照常规料给出备料时间,导致原料跟不上生产。表面来看是新物控人员的失责,实际是内部人员管理问题和 ABC 管理方法单一的原因,只有一个因素对库存项目进行划分,只考虑商品和价值的使用价值和数量,而不考虑库存项目的其他特征。极容易产生原料长短料导致产线断线现象和库存过多积压增加成本。存货的价值不完全等同于它在生产中的重要性。一些材料的价值很低,但在生产中有重要的作用,C 类用各种材料,一般控制,库存数量少,经常发生的账面与实物数量不一致的情况,盘点还会发现实物为零但是账面上库存却很充足。导致生产线无法生产,交期延误并要赔偿客户断线损失的严重后果。电子零部件更新很快,如果采购太多极易变成呆滞物料而无法处理。尤其是 F 公司,之前因集团高层对库存管理不重视导致呆滞物料积压太多,2008 年金融危机后公司领导才发现库存积压严重,竟占了公司成本的 40% 左右。

2. F 公司采购订货模式

订单交货、VMI、JIT 以及事业群内部交货模式是 F 公司主要的采购订货模式,工作中称叫料方式。内部交货模式应该是 F 公司集团内部特别的交货模式,集团下属事业群之间相互交货或者事业群下属产品处之间相互交货,基本也是以下订单形式交货或者同一厂区只是以转拨单形式交货。

(1)订单交货模式

订单交货模式就是客户下订单,按照订单公司生产交货。采购根据 MRP 运行结合物料的 LT 产生的 PR(purchase request)将其转成订单,再将订单传给供应商。订单包含供应商信息、具体的数量和需求日期、单价、交易条件和付款条件以及送货地址。供应商根据订单以及 F 公司具体的需求日期和数量安排交货至 F 公司仓库。目前 F 公司的大部分电子供应商特别是 A 类电子物料的供应商都选择走这种标准订单交货模式。主要是受传统的供应链管理模式影响。他们认为将库存备在自家仓库,可随意调配。F 公司只有在 Cancel Window 内才能取消订单,否则按订单购买的物料就成为呆滞库存。传统的管理思想使他们不愿与上下游分享库存信息,只关注眼前利益,不愿接受新的交货模式。传统的供货模式因供应的诸多不稳定因素的影响而存在供应不及时的风险,引起不必要的罚款,降低客户的满意度。

(2)VMI Hub 模式

目前 F 公司只有化学品类原料采用 VMI Hub 模式。由第三方物流来管理,VMI

Hub 仓设立在 F 公司园区内,F 公司每一个季度给出需求预测并开立订单给供应商,供应商按照订单送货到 VMI Hub 仓。货送 VMI Hub 时,由 VMI Hub 检验员检验合格后,方可入库。F 公司根据工单需求和计划需求,将叫料指令发给 VMI Hub,VMI Hub 根据指令将所需货物送到产品处仓库。当原材料货物用于 F 公司的生产时,其物权才转移给 F 公司。按照每月入库数量月底给供应商结账。VMI Hub 仓的设立对于 F 公司降低库存是产生积极的影响的,原料备货在园区内随时可以叫料但是库存数量还是供应商的。由于需求预测的不准确性导致原料容易产生呆滞,对于呆滞原料的处理供货双方是有协议的。不过由于呆滞原料的产生导致部分供应商的损失较大,严重影响供应商配合意愿。而且这种模式也还是将库存压力转移给供应商而已,并没有在实际上解决库存压力问题。

(3)JIT 模式

JIT 模式在 F 公司主要用于包材采购,如纸箱、泡棉、防水袋等,这些原料的厂商基本分布在 F 公司附近,而且此类物料不是产品的核心物料。此类物料的体积比较大、易损坏但是成本低,F 公司为了节省人力和减少仓库面积,要求供应商是多批次交货,实现零库存的目标。2011 年曾经提出要求供应商每日交货,不过经过一段时间的实际检验,改为每周交货 3 次。每月底物控根据每周生产计划和交货计划给出未来 3 周的需求量,供应商按照需求量生产。每周一、三、五下班前物料给出后两天的进货量。供应商按照日计划交货表按时交货,供货商提前或者多交,仓库都会拒收。包材能够 JIT 交货是因为厂商都在 F 公司周围或者在周围设立仓库,就近供货。F 公司的 JIT 叫料流程如图 8-11 所示。

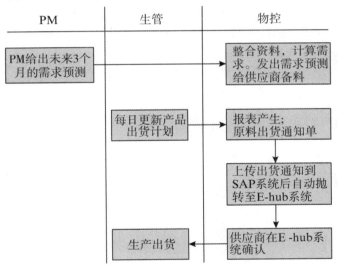

图 8-11　F 公司的 JIT 叫料流程

资料来源:刘爱梅.F 公司供应链环境下库存管理的优化研究[D].南京:南京师范大学,2016.

思考:请为 F 公司库存管理的改进找出突破点。

思考与练习

1. 如何理解库存的作用？
2. 库存控制方法有哪些？
3. 举例说明传统库存管理模式的不足？
4. 举例说明实施供应商管理库存的意义。
5. 举例说明常见的供应商管理库存模式有哪些？
6. 怎样才能保证供应链上游供应端的物料供应的齐全配套性？
7. 比较联合管理库存和供应商管理库存之间的差异。

参考文献

[1] BAGANHA M P, COHEN M A. The Stabilizing Effect of Inventory in Supply Chain [J]. Operation Research, 1998, 46(3): 72-83.

[2] 陈荣秋, 马士华. 生产运作管理[M]. 北京: 机械工业出版社, 2017.

[3] 曹翠珍. 供应链管理[M]. 北京: 北京大学出版社, 2016.

[4] 林勇. 供应链库存管理[M]. 北京: 人民交通出版社, 2008.

[5] THOMA D J, GRIFFIN P M. Coordinated Supply Chain Management[J]. European Journal of Operational Research, 1996, 94: 1-15.

[6] 杨明. 基于供应链的供应商管理库存(VMI)模式研究[J]. 中国包装, 2018, 8: 83-85.

CHAPTER ⑨

第九章

供应链管理环境下的物流管理

学习目标：

通过本章学习,使读者掌握供应链管理环境下的企业物流管理特征及战略方式。

知识目标：

(1)了解供应链物流管理内容;

(2)掌握供应链管理环境下企业物流管理的内容;

(3)掌握供应链中企业物流运营模式。

能力目标：

(1)能按照供应链管理下物流的特征进行物流管理;

(2)能明确物流管理在供应链竞争中的作用;

(3)了解物流运营的模式。

素养目标：

对供应链管理环境下的物流管理充分认识,了解物流管理思想的发展过程,掌握现有物流运营模式,培养学生对企业物流运营模式的创新。

知识结构思维导图

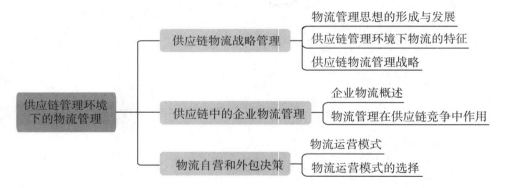

 导入案例 --

韶钢集团物流管理新模式

韶钢位于广东省韶关市南郊,地处粤、湘、桂、赣四省(区)的交界处,占地8.32平方千米。自1966年8月22日建厂,历经40多年的发展,已成为年产钢600万吨能力,集钢铁制造、物流、工贸于一体的大型国有企业集团,是世界钢铁企业100强、中国企业500强、广东企业50强,是中国重要的船板钢生产基地、广东重要的钢铁生产基地和高新技术企业。2010年的报告中,销售人员反映客户开始小批量、高频度地订货,对钢材的质量要求越来越高,而且对钢材的品种、规格的需求也越来越多样化;同时,国外钢铁企业为获取高额垄断利润在国内钢材市场进行产品倾销,国内钢铁企业武钢、鞍钢在优化营销渠道,壮大他们的华南销售分公司。销售部发现现在预测客户的需求比以前困难很多,市场竞争白热化,他们感到压力很大。对市场变化有着高度敏锐度的卢总,对某些情况其实也早有察觉。他很清楚国内钢铁企业的市场竞争已经从原来的单个企业之间的竞争,逐步过渡到供应链与供应链之间的竞争,韶钢要想在激烈的市场竞争中取得优势,就必须建立时间上快速响应客户,产品价值上成本最低的供应链,和供应链中的上下游企业相互支持,相互帮助。

1. 优化采购物流

在国内,宝钢具有最有竞争力的采购供应链和一流的矿产资源综合供应能力,对进口铁矿、煤炭等大宗物资实行统一采购、集中配送。他们每年需要的铁矿石不低于 4000 万～5000 万吨,全靠进口,全部都是长协矿,不但来源稳定,而且能享受比其他进口铁矿石更加低廉的原料成本。如果能和宝钢建立战略合作伙伴的关系,把我们的资源采购纳入他们的采购平台,那我们采购的成本就可以大大降低了。或者,我们也可以和武钢、沙钢等其他钢铁企业合作,联合采购,积小单为大单。国外海运这条线路上,还可以集中联合租拼船舶,把进口矿石集中起来联合运输,采取大吨位的运输工具,降低运输费用。或者,向供应链的上游延伸,减少采购的中间环节,直接从国外矿山购买铁矿石,同时与这些矿山进一步探讨建立"多元化"的合作模式,如合作开发资源,矿石配用技术合作研究。

2. 开发新的大物流信息系统

韶钢信息化建设较早,2004 年启动 ERP 一期、MES,当时是国内钢铁行业中第一家真正实施 ERP 与 MES 同步规划、设计和上线的企业,取得了很好的效果。但当时的信息化建设重在围绕生产管理与成本核算与考核需要开发。韶钢物流信息系统当时分为几个独立运作的系统,重在派车管理、港存物资管理、结算管理等,后来虽陆续经过简单改造和开发,使该系统业务与销售发运平台、验配结算系统、智能一体化系统等实现共享,但仍然和铁路运输系统、汽车运输系统、采购系统相互脱离,不能很好地协调物流运输作业。物流部对物料全流程跟踪,统一管理计划、价格、结算和成本等的业务需要也受到限制。据此,韶钢信息部经过分析和比较,采用 Delphi 7.0＋Oracle 9i 的客户/服务器(C/S)的技术结构,投入新的物流信息系统的开发。

3. 优化销售物流

珠江三角洲是广东省内经济最发达的地区,也是钢材消费量最大的区域,韶钢临近这个消费容量巨大的市场,具有得天独厚的条件,自然而然地将珠江三角洲地区确定为最重要的钢材销售市场。目前韶钢提高直供直销的比例,主要针对一些需求较大的大中型企业;另外部分通过代理商分销。韶钢主要的产品是中板、螺纹钢和线材这三大系列。在板材上,我们的竞争对手有柳钢、新钢、武钢、鞍钢,建筑钢材方面有广钢、湘钢、萍钢等。但这些竞争对手大部分距离广东市场较远,加上运输条件的制约,限制了他们的钢材资源能顺畅、及时地运到广东市场。这样,如果我们反应快,在市场行情看涨时,就能够领先于市场上调出厂价格,进而通过水波扩散的效应推动市场价格的上涨,把预期的收益转化为现实的收益,价格决策的效率就比较高。但是韶钢现在的这种优势也在慢慢变弱,于是想出了在其中一家大船厂附近建立一个剪切加工中心,帮客户完成一些初加工增值的过程,然后再配送。既服务了客户,又提高了直供用户的比例。双方形成稳定的供应链后,所有的市场信息,特别是需求、供给和价格信息,就可以更快速、更直接地传递给我们,不会被经销商扭曲,我们也可更动态掌握客户需求的变化。另外是加快电子商务方式的钢材销售。我们目前只是靠华南钢材物流网进行简单的信息发放,没有真正开始网上交易。现在我们钢材的销售范围逐渐扩大,客户群体越来越广泛,各地市场库存差异非常明显,如果我们在网上把各地区的库存完整、准确地展示出来,标明库存产品的规格型号、重量,客户就可以很容易看到自己能不能在现货市场上拿到想要的货了。客户从网上看货、比较选择到成交结算,整个流程可缩短到半个小时以内,节省了时间,提高了工作效率。而我们也可以通过这个电子商务平台,很快了解到经销商的库存量、各个型号钢材在市场中的销售速度,方便生产部的生产安排,对我们做营销决策也很有帮助。但电子商务系统要嵌入管理之中,包括我们的资质审查系统、客户管理,都还比较难。而且离不开背后的物流作支撑,仓储、加工、配送,也还是一样都不能少。所以最终确立了以后韶钢钢材"流通加工+准时配送"的物流模式。至于用电子商务销售钢材,同时发展物流,公司认为以韶钢现在的条件,还做不到。这些是未来的发展趋势,会纳入公司未来的发展战略规划中。

资料来源:叶生洪,周密,等.供应链新模式——韶钢集团物流产业发展新模式能提升供应链竞争力么?[EB/OL].(2012-02-24)[2023-6-12].http://www.cmcc-dlut.cn/Cases/Detail/737.

思考:韶钢集团在物流方面提出了哪些优化措施?

第一节　供应链物流战略管理

一、物流管理思想的形成与发展

作为商品交换的媒介,商业的产生和发展不仅造就了一个新兴、独立的行业,而且对社会经济生活产生了十分深远的影响。在社会化大生产条件下,生产者所需的原材料要通过一定的方式进入生产流程,经营者所购的商品要通过一定的途径到达消费环节,这就有了物流产生的经济动因。长期以来,人们将物流视作产销过程中一个必不可少的环节。要实现生产过程的连续,完成从商品到货币的惊险跳跃,物流不可或缺。

物流的英文单词 logistics 在 1846 年正式出现,被认为来源于法语 logistique。1830年,法国作家若米尼在《战争艺术概论》一书中定义了物流这个词,他认为物流是一门为军队良序采购、优化组合、按时发货、运输、保障到货的艺术。

第二次世界大战期间,美国根据军事物资供应管理需要,在对军火进行供应时,首先采用了军事后勤管理(military logistics management)一词。军事后勤管理在物流管理的起源和发展过程中扮演了重要的角色,在第二次世界大战之后逐渐形成了一个独立的学科。到了 20 世纪 60 年代,源于军事的后勤管理较为广泛地应用于企业管理之中,先后出现了物流工程(logistics engineering)、企业物流管理(business logistics management)、物流配送(logistics distribution)等管理方法,直到形成了今天的"物流管理"概念,并统一用"logistics management"表示。

我国国家标准《物流术语》(GB/T 18354－2006)将物流定义为:"物品从供应地向接收地的实体流动过程。根据实际需要,将运输、储存、装卸、搬运、包装、流通加工、配送、信息处理等基本功能实施有机结合。"对物流管理的定义为:"为了以合适的物流成本达到用户满意的服务水平,对正向及反向的物流活动过程及相关信息进行的计划、组织、协调与控制。"

站在供应链管理视角并综合现有文献和研究,本书给出物流的定义:物流指供应链范围内企业内及企业间的物料转移、转换(生产过程)和变换(流通过程)活动的支持系统。物流管理的定义:物流管理是对供应链上各种物料(包括原材料、零部件、产成品)服务及信息从起点到终点流动过程实施的计划,组织和控制活动的总称,它充分运用信息技术,将运输、仓储、装卸、加工、配送等活动有机结合,为供应链运营管理提供支持,为用户提供一体化的综合服务。

管理者从早期的侧重于企业内部的物流活动管理,逐步将眼光转向企业外部,把企业的出厂物流与入厂物流管理以及供应、制造、分销配送等活动集成在一起,从而使物流活动逐渐上升到供应链这一更高、更大的平台上。

二、供应链管理环境下物流的特征

(一)传统物流的缺陷

传统物流是围绕单个企业的目标进行的管理活动,主要考虑满足生产商和销售商的安全库存需要,不可避免地存在以下四个缺陷:

(1)企业内部物流职能被分割。官僚化层级制管理导致企业物流管理职能分散,采购、生产、销售等部门往往独立管理。这种各自为政的分割式物流管理模式,导致企业内部运作效率低下,不能实现物流集约化效益。

(2)库存太大。传统供应流程上的库存缓冲,使供应商、制造商与零售商都有库存,很难进行科学统一的物流运作规划,而这正是造成供应链中牛鞭效应的原因。这种缺乏整体性的物流规划,常常导致一方面库存不断增加,另一方面在需求出现时又无法及时满足。这样,企业就会因为物流系统管理不善而丧失市场机会。

(3)反应迟缓,物流服务水平不高。由于传统销售渠道的松散性、信息的封闭性、利益的分割性、区域的割据性,以及企业内部的分权、专权,在物流运作过程中缺乏及时有效的信息沟通,这些都影响了物流服务速度和水平,使传统物流不能有效地支持产品销售。

(4)风险大。企业内部的人为割据导致物流管理的四分五裂以及业务链过长,经手的部门和人员过多,损公肥私的现象严重。同时,由于库存大,反应缓慢,库存不适应需要导致的损毁浪费也居高不下,企业所需要的流动资金增加,企业的经营风险加大。

与传统物流相比,供应链环境下物流系统中的信息流量大大增加。需求信息和供应信息传递不是逐级传递,而是网络式的,信息传递更加快速和透明。尤其随着当今互联网和物联网技术、云技术和大数据技术的飞速发展,企业可以很快掌握供应链上不同环节的、实时的运行信息,包括需求信息和供应信息,以及其他共享信息。

(二)供应链环境下物流的特征

在供应链环境下,提高信息的共享程度对供应链管理是非常重要的。由于可以做到实时共享信息,因此供应链上任何节点企业都能及时掌握市场的需求信息和整个供应链的运行情况,每个环节的物流信息都能透明地与其他环节进行交流与共享,从而避免了需求信息的失真现象。物流网络规划能力的提升,也反映了供应链管理环境下的物流特征。充分利用第三方物流的资源来降低库存的压力和保持安全库存水平。

(1)作业流程的快速重构可以提高物流系统的敏捷性。通过消除不增加价值的过程,供应链的物流系统可以进一步降低成本,为实现供应链的敏捷性、精细化运作提供基础性保障。

(2)信息跟踪能力的提高,可使供应链物流过程更加透明化,也为实时控制物流过程提供了条件。在传统的物流系统中,许多企业只有能力跟踪企业内部的物流过程,没有能力跟踪企业之外的物流过程,原因之一就是缺乏共享的信息系统和信息反馈机制。

(3)合作性与协调性是供应链管理的一个重要特点,但如果没有物流系统的无缝连接,那么所订的货物逾期未到,顾客的需要不能及时得到满足,采购的物资常常在途受阻,这些都会使供应链的协调性大打折扣。因此,无缝连接的供应链物流系统是实现供应链协调运作的前提条件。

(4)灵活多样的物流服务,提高了用户的满意度。制造商和物流服务商的实时信息交换,及时地把用户对运输、包装和装卸的要求反映给相关企业及相应的管理部门,可提高供应链管理系统对用户个性化需求的响应能力。

三、供应链物流管理战略

现代物流管理系统处于复杂多变的供应链环境之中,物流管理需要运筹与决策,要为提高供应链的竞争力提供有力保证,正确、合理的物流管理战略在供应链管理中有着非常重要的指导意义和作用。

供应链管理的战略思想就是要通过企业与企业之间的有效合作,建立一种低成本、高效率、响应性好、具有敏捷性的企业经营机制,产生一种超常的竞争优势;就是要使企业在成本、质量、时间、服务、灵活性方面的竞争优势显著提高,加快企业产品进入市场的速度。这种战略思想的实现需要站在企业战略的高度对供应链物流系统进行规划与运筹,并使供应链管理战略通过物流管理战略的贯彻实施得以落实。

物流管理战略的框架结构如图 9-1 所示,物流管理战略内容分为四个层次。

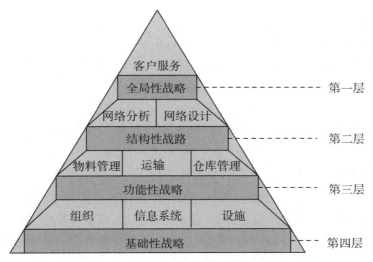

图 9-1　供应链物流管理战略框架

(一)全局性战略

物流管理第一个层次的战略是全局性战略,主要是用户服务。在供应链管理环境下,物流管理的最终目标是通过有效的供应链运作来满足用户需求(把企业的产品或服务以最快的方式、最低的成本通过整个供应链交付给用户),因此,用户服务应该成为物流管理的最终目标,即全局性战略目标。通过良好的用户服务,企业可以获得第一手市场信息和用户需求信息,增加企业的亲和力并留住用户,提高企业的信誉,使企业获得更大的利润。

要实现用户服务的战略目标,必须建立用户服务评价指标体系,如订单响应时间、订货满足率、平均缺货时间、供应率等。虽然目前关于用户服务的指标还没有统一的规范,对用户服务的定义也不同,但企业可以根据自己的实际情况建立提高用户满意度的管理体系,通过实施用户满意工程,全面提高用户服务水平。

(二)结构性战略

物流管理第二个层次的战略是结构性战略,包括渠道设计和网络分析。渠道设计是供应链设计的一个重要内容,包括重构物流系统、优化物流渠道等。优化物流渠道,可以使供应链获得最低的物流成本,同时提高物流系统的敏捷性和响应性。网络分析是物流管理中另一项很重要的战略工作,它为物流系统的优化设计提供参考依据。网络分析的内容主要包括:①库存状况分析,通过对物流系统的不同环节的库存状态的分析,找出降低库存成本的方法;②用户服务调查分析,通过调查和分析,发现用户需求和获得市场信息反馈,找出服务水平与服务成本之间的关系;③运输方式和交货状况分析,以使运输渠道更加合理化;④物流信息及信息系统的传递状态分析,通过有针对性地采取措施,提高物流信息传递过程的速度,增加信息反馈,提高信息的透明度;⑤合作伙伴业绩的评估和考核。用于网络分析的方法有标杆分析法、调查分析法、多目标综合评价法等。

对物流管理系统的结构性分析的目标是不断减少或优化物流环节,消除供应链运作过程中不增加价值的活动,提高物流系统的效率。

(三)功能性战略

物流管理第三个层次的战略为功能性战略,主要包括物料管理、运输管理、仓库管理三个方面。内容主要有运输工具的使用与调度、采购与供应、库存控制的方法与策略、仓库的作业管理等。

物料管理与运输管理是物流管理的主要内容,必须不断地改进管理方法,降低库存成本和运输费用,优化运输路线,保证准时交货,实现物流过程的适时、适量、适地的高效运作。

(四)基础性战略

物流管理第四个层次的战略是基础性战略,主要作用是为保证物流系统的正常运行提供基础性保障,内容包括组织系统管理、信息系统管理、政策与策略、基础设施管理。要健全物流系统的组织管理结构和人员配备,就要重视对企业有关人员的培训,提高员工的业务素质。例如,采购与销售部门是企业的两个对外业务协调部门,它们工作的好坏直接关系到企业与供应链合作伙伴的关系及企业的形象,必须加强对这两个部门的领导与组织工作。

信息系统是物流系统中传递物流信息的桥梁,仓储管理系统(WMS)、配送需求计划(DRP)、运输管理系统(TMS)、EDI/Internet 数据交换与传输系统、电子资金转账(EPT)pos 等技术,对提高物流系统的运行效率起着关键作用。因此,必须从战略的高度进行规划与管理,才能保证物流系统高效运行。

第二十四讲　供应链物流战略管理

第二节　供应链中的企业物流管理

一、企业物流概述

企业系统活动的基本结构是投入—转换—产出,对制造企业而言,是原材料、人力、资本等方面的投入,经过生产制造使之转换为产品,物流活动是伴随着企业的投入—转换—产出而发生。投入指的是输入活动的供应物流,转换指的是制造企业的生产物流,产出指的是企业输出的销售物流,如图 9-2 所示。

(1)供应物流,即组织原料、辅料供应的物流活动。关注如何降低这一物流过程的成本,解决有效的供应网络、供应方式及库存控制等问题。

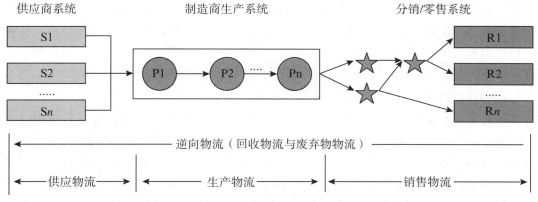

图 9-2　企业物流运作内容图

（2）生产物流，即原料及辅料从企业仓库或企业"门口"进入生产线的开端，随生产加工过程流过各个环节，直到生产加工终结，再流至生产成品仓库。研究重点是缩短物流活动时间，缩减生产周期，节约劳动力。

（3）销售物流，即伴随销售活动，将产品所有权转给用户的物流活动。特点是通过包装、送货、配送等一系列物流实现销售，这需要研究配送方式、包装技术、运输路线优化等问题，并通过采取各种诸如少批量、多批次、定时、定量配送等特殊的物流方式达到目的。

（4）回收物流，企业在生产、供应、销售活动中总会产生各种边角余料和废料、循环包装材料等，对这些物品的回收是需要伴随物流活动的。如果回收物品处理不当，往往会影响整个生产环境，甚至影响产品的质量，占用很大空间，造成浪费。

（5）废弃物物流，是指对企业排放的无用物进行运输、装卸、处理等的物流活动。从环保的角度对包装、流通、加工等过程产生的废弃物进行回收再利用。

二、物流管理在供应链竞争中的作用

一般来说，衡量供应链竞争力和运作绩效的指标很多，比较常用而且也较为主要的指标有：供应链响应周期、供应链总成本、供应链总库存水平、供应链按期交付可靠性，以及供应链的客户服务水平等。这样几个主要指标，物流管理对其影响都是很大的。

（一）物流管理对供应链响应周期的影响

这是物流管理对供应链竞争力影响最大的一个方面。供应链响应周期是指整个供应链从接到客户订单到最终交货的时间间隔。有调查表明，在供应链总生产周期中，真正花在生产过程上的时间不到总周期的 5%，剩余的 95% 都消耗在等待、存储过程中了，这不但使响应周期延长，而且还增加了成本。

（二）物流管理对供应链总成本的影响

从宏观上来看，物流管理水平的高低反映在供应链总成本上，可以从物流费用占总费用的比例看出来。在发达国家，如美国和加拿大，物流费用占总费用的 9%～10%，而我国企业物流费用占总费用的比例则高达 18%～20%。仅此一点，就足以说明物流管理对供应链竞争力的影响。在我国企业中，物流成本占总成本的比例很高，这与物流管理在整个供应链中的组织水平很有关系。企业在生产与物流的各个环节之间的组织协调很差，导致各种零部件及产成品的运输时间、交货时间、到货时间不同步，有的很早就生产出来了但很晚才交货，结果影响了整个装配进度。那些不能同步出产的零部件就形成等待库存，既消耗了时间，又占用了资金，增加了资金使用成本。

(三)物流管理对供应链总库存水平的影响

低水平的物流对供应链库存的影响，最典型的就是订货量在供应链上被逐级放大（"牛鞭效应"）。这一效应的结果是供应链上各级库存量越来越大，从而增加了库存成本，使供应链的总体竞争力下降。当然，造成"牛鞭效应"的缘由是多种多样的，然而最终还是反映在物流过程上。如果能提高物流管理水平，"牛鞭效应"就可以被减弱乃至消除，供应链总库存水平就会下降。另外，提高物流管理水平不仅有助于减少或消除"牛鞭效应"，而且可以降低各种与此相关的费用。

(四)物流管理对供应链按期交付可靠性的影响

按期交付可靠性是对供应链整体信誉的一种衡量，也是供应链吸引客户的一种有力手段。按期交付可靠性高，就容易得到客户的信任，就会有源源不断的订货，反之则会逐渐失去现有客户。这一点也是影响供应链整体竞争力的关键因素。在影响按期交付可靠性的因素中，物流是显而易见的关键因素。在实际经营中，往往由于物流组织落后，造成整个供应链生产不能同步进行，一方面早生产出来的零部件等待进一步加工（装配），而另一方面又有不能按时加工完成零部件的缺货现象，最终影响产品的总装配，进而影响按时交货。因此，提高物流过程在同步制造中的作用，是提高供应链按期交付可靠性的重要环节。

(五)物流管理对供应链的客户服务水平的影响

供应链管理的核心是要向所有提出需求的客户提供及时且精确的产品。客户服务水平是构成供应链竞争力的关键要素之一。决定客户服务水平的最重要的业务领域，是被称为"配送渠道"的结构。物流过程中的作业活动必须在任何时间、任何地点、跨越广阔的地域进行，这对服务质量的要求非常高，因为绝大多数物流作业是在监督者的视野之外进行的。由于不正确的物流作业导致重做客户订货所花的费用，远比第一次就正确操作所花费的费用多。物流过程既是体现供应链客户服务水平的主要组成部分，也是供应链总成本的影响因素。

由以上分析不难看出，物流管理水平的高低和物流能力的强弱，直接影响着供应链的整体竞争力及其绩效。但是，用传统的物流管理理念难以完全满足以上要求，因而，必须建立在供应链框架下的现代物流理念。

第二十五讲 供应链中的企业物流管理

第三节　物流自营和外包决策

一、物流运营模式

在供应链管理模式下,企业强调构建核心竞争力。因此,在物流的运营模式上,主要有企业内部物流管理部门的自营物流模式和外包给第三方物流企业的代理物流这两种常见模式。不同的物流运营模式有不同的特点。

(一)自营物流模式

顾名思义,自营物流模式是指企业自己组建企业物流系统,设置专门的管理部门负责本企业的物流管理。自营物流模式的优点是可以加强对本企业物流活动的全程管理,保证客户订单交付等任务的完成,可以取得比较好的物流服务质量,对于提高本企业的品牌影响力具有重要意义。

但是,自营物流模式也有比较明显的不足,即物流运营的成本较高。企业开展物流业务,需要前期投入大量资金建设物流基础设施,并需要拥有营运车辆、仓库、物流管理人员等。另外,由于企业的物流业务量有限,车辆、仓库、装卸搬运设施得不到充分利用,从而导致企业的物流成本较高。

(二)物流外包模式

物流外包,即生产或销售企业为集中精力增强核心竞争力,而将物流业务以合同的方式委托给专业的物流公司,如第三方物流公司(third party logistics,TPL/3PL)。

1. 外包的优点

随着社会分工的进一步细化和物流业的快速发展,物流外包逐渐被供需双方所认可。外包是一种长期的、战略的、相互渗透的、互利互惠的业务委托和合约执行方式。在当今竞争日趋激烈和社会分工日益细化的大背景下,将物流外包给专业的第三方物流公司,可以有效降低物流成本,提高企业的核心竞争力。具体说来,将物流业务外包能够带来的优点有:

(1)解决资源有限的问题,使企业更专注于核心业务的发展

企业的主要资源包括资金、技术、人力资本、生产设备、销售网络、配套设施等要素,这些往往是制约企业发展的主要"瓶颈"。特别是在当今时代,生产技术和市场需求的变化十分复杂,一个企业的资源配置不可能局限于本组织的范围之内。即使对一个实力非常强大、有着多年经验积累的企业集团来说,仅仅依靠自身的力量,也是不经济的。为此,企业应把自己的主要资源集中于自己擅长的主业,而把物流等辅助功能留给物流公司。利用物流外包策略,企业可以集中资源,建立自己的核心能力并使其不断提升,从而确保企业能够长期获得较高的利润,引导行业朝着有利于企业自身的方向发展。

（2）企业得到更加专业化的服务，从而降低营运成本，提高服务质量

当企业的核心业务迅猛发展时，需要企业的物流系统跟上核心业务发展的步伐，但这时企业原来的自营物流系统往往因为技术和信息系统的局限而相对滞后。与企业自营物流模式相比，将物流外包给专业的第三方物流可以集成小批量送货的要求来获得规模经济效应，第三方物流在组织企业的物流活动方面更有经验、更专业化，从而能够降低企业的营运成本，改进服务，提高企业运作的灵活性。

对一般企业而言，它不可能获得从事物流管理所需的各方面的人才。通过将物流外包给第三方物流，委托企业不但可以引入资金、技术，同时也可以根据自己的需要引入"外脑"。物流专家或是专业人才不一定属于该委托企业，却可以成为企业所使用的一部分有效的外部资源。特别是对那些财力、物力有限的小企业而言，通过将物流外包，更容易获得企业所需要的智力资本。

2. 外包失败的原因

物流外包作为一种提高物流速度、节省物流费用和减少在途资金积压的有效手段，确实能够给供需双方带来较多的收益。尽管供需双方均有信心和诚意，但在实践的过程中，物流外包又举步维艰，常常出现合作中断，甚至失败。导致物流外包失败的原因有：

（1）抵制变化

许多公司，尤其是那些目前财务状况令人满意的公司，不愿通过物流外包的方式来改变现有的业务模式。此外，寻求物流外包的公司有时还会遇到来自企业内部某些部门的抵制，因为它们担忧目前从事的工作很可能会被第三方物流所取代。尤其是一些国有企业，物流外包将意味着解雇大批员工，这对企业的领导人来说意味着非常大的风险。

通常，企业对第三方物流公司能力的认识程度普遍很低。第三方物流行业相对来说还很年轻，尤其是在中国，一些非常优秀的物流公司，其发展历史也不是很长。因此许多企业的高级管理人员出于担心物流业务外包的不确定性而抵制原有自营物流模式的变化。

（2）害怕失去控制

许多公司都宁愿有一个"小而全"的物流部门，也不情愿把物流外包，原因之一是不愿放弃对这些物流功能的控制。此外，供应链流程的部分功能需要与客户直接打交道，许多公司担心如果失去内部物流能力，会在与客户交往和其他方面过度依赖第三方物流公司。这种担心在那些从来没有进行过物流外包的公司中更为普遍。大多数已经进行了物流外包的公司表示，它们通过和第三方物流的合作，实际上改善了信息流动，增强了控制力，改善了公司管理其业务的能力。

（3）工作范围不明确

工作范围即物流服务要求明细，它对服务环节、作业方式、作业时间、服务费用等细节做出明确的规定，工作范围的确定是物流外包最重要的一个环节。

工作范围是委托企业告诉受托的物流企业其需要什么服务并愿意付出什么价格，它是合同的一部分。跨国企业在物流外包方面具有丰富的操作经验，如惠普、IBM 等，它们在实施物流外包时就要求供应商与其签署两份文件：一是一般性条款，即一些非操作性的

法律问题,如赔偿、保险、不可抗力、保密、解约等内容;二是工作范围,即对服务的细节进行具体描述。如果供应商曾经与它们合作过且履行过一般性条款,则其在以后的合作中将不必再签署一般性条款,供应商仅仅需要对新项目的工作范围做出明确的回复。

物流外包的失败大多都归结于工作范围不明确,如在物流合同中常出现的"在必要时供应商将采取加班作业以满足客户的需求",合同双方虽然对此描述并无异议,但问题就出现在"必要"上。在实际运作中,双方经常就如何理解"必要"发生分歧,委托企业认为"提出需求时即为必要",物流企业却认为"客户提出需求且理由合理时为必要"。对于类似的例子,合作双方经常遇到,起因归结于合作双方没有花费相当的时间和精力明确、详细地制定工作范围。

若要确保物流外包成功,企业在寻找合作伙伴时,首先要冲破思想和观念的阻碍,并积极了解受托的物流企业是否拥有可以满足外包项目所需要的实力;其次要与供应商签订必要的法律文件,讨论全部服务项目细节,拟定工作范围,才能保证物流外包的顺利进行。

二、物流运营模式的选择

企业物流运营模式主要有自营物流和物流外包等。在进行物流决策时,企业应根据自己的需要和资源条件,综合考虑以下主要因素,慎重选择物流运营模式,真正提高企业的市场竞争力。

(一)物流对企业成功的影响度和企业对物流的管理能力

物流对企业成功的重要性和企业物流管理能力是影响企业物流采取自营物流还是物流外包的最重要的因素,决策运作模式判断矩阵如图9-3所示。

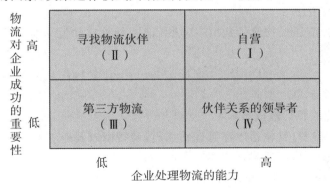

图9-3　物流运作模式判断矩阵

如果物流在企业战略中起关键作用,但自身物流管理水平较低,对这类企业(Ⅱ)来说,组建物流联盟将会在物流设施、运输能力、专业管理技巧上收益极大。对物流在其战略中不占关键地位,但其物流水平很高的企业(Ⅳ)来说,可能寻找物流合作伙伴共享物流资源,通过增大物流量获得规模效益,降低成本。处于Ⅱ、Ⅳ的企业可以建立物流联盟。

如果企业有很高的顾客服务需求标准,物流成本占总成本的比重极大,自己物流管理能力强,即企业(Ⅰ),一般不会选择物流外包,而采用自营的方式。对那些物流在其战略中地位并不很重要、自身物流管理能力也比较低的企业（Ⅲ）来说,采用第三方物流是最佳选择,因为这样能大幅度降低物流成本,提高服务水平。

(二)企业对物流控制力的要求

越是竞争激烈的产业,企业越是要强化对供应和分销渠道的控制,此时企业应该选择自营物流。一般来说,主机厂或最终产品制造商对渠道或供应链过程的控制力比较强,往往选择自营物流,即作为龙头企业来组织全过程的物流活动和制定物流服务标准。

(三)企业产品自身的物流特点

对于大宗工业品原料的回运或鲜活产品的分销,企业应利用相对固定的专业物流服务供应商和短渠道物流;对全球市场的分销,宜采用地区性的专业物流公司提供支援;对于产品线单一或为主机厂做配套产品的企业,则可以在龙头企业的统一管理下选择自营物流,也可以选择物流外包;对于技术性较强的物流服务(如口岸物流服务),企业应采用委托代理的方式;对于非标准设备的制造商来说,自营物流虽然有利可图,但还是应该交给专业物流服务公司去做。

(四)企业的规模和实力

一般来说,大中型企业由于实力较雄厚,有能力建立自己的物流系统,制订合适的物流需求计划,保证物流服务的质量,另外,还可以利用过剩的物流网络资源拓展外部业务为其他企业提供物流服务。而小企业则受人员、资金和管理资源的限制,物流管理效率难以提高。此时,企业为把资源用于主要的核心业务上,就适宜把物流管理交给第三方专业物流公司。如实力雄厚的麦当劳公司,每天必须把汉堡等保鲜食品运往中国各地,为保证准确及时供货,就组建了自己的货运公司。

(五)物流系统总成本

在选择自营物流还是物流外包时,必须弄清两种模式物流系统总成本的情况。计算公式为:

$$D = T + S + L + Fw + Vw + P + C$$

式中 D——物流系统总成本;

T——该系统的总运输成本;

S——库存维持费用,包括库存管理费用、包装费用以及返工费;

L——批量成本,包括物料加工费和采购费;

Fw——该系统的总固定仓储费用;

Vw——该系统的总变动仓储费用;

P——订单处理和信息费用,指订单处理和物流活动中广泛交流等问题所产生的费用;

C——客户服务费用,包括缺货损失费用、降价损失费用和丧失潜在客户的机会成本。

这些成本要素之间存在着二律背反现象:当减少仓库数量时,可以降低保管费用,但会带来运输距离和次数的增加而导致运输费用增加。如果运输费用的增加部分超过了库存持有费用的减少部分,总物流成本反而增加了。所以,在选择和设计物流系统时,要在自营或外包的基础上对物流系统的总成本加以论证,最后选择成本最低的物流系统。

(六)第三方物流的客户服务能力

在选择物流模式时,考虑成本尽管比较重要,但第三方物流为本企业及企业客户提供服务的能力对物流服务而言是至关重要的。也就是说,第三方物流在满足企业对原材料及时需求的能力和可靠性,对企业的零售商和最终客户不断变化的需求的反应能力等方面应该作为企业首要的考虑因素。

(七)自拥资产和非自拥资产第三方物流的选择

自拥资产第三方物流是指有自己的运输工具和仓库,从事实实在在物流操作的专业物流公司。它们拥有较大的规模、坚实的基础设施、完善的物流系统。这也是人们常说的重资产模式。重资产的第三方物流专业化程度较高,但灵活性可能受到一定的限制。非自拥资产第三方物流是指不拥有硬件设施或只租赁运输工具等少量资产,主要从事物流系统设计、库存管理和物流信息管理等职能,而将货物运输和仓储保管等具体作业活动交由别的物流企业承担,但对系统运营承担责任的物流管理公司。这也就是人们常说的轻资产模式。轻资产模式的第三方物流运作比较灵活,能制定服务内容,可以自由组合、调配供应商,管理费用较低。企业应根据自己的要求对两种模式加以选择和利用。

第二十六讲　物流自营和外包决策

　章节案例讨论　------------------------------------

大亚人造扳集团有限公司的绿色供应链管理探索之路

绵阳市容茂液化气有限责任公司是一家集生产制造、仓储、运输、燃具设备、五金家电等销售于一体的现代化制造企业,其主要营业收入来自燃具销售,当前也是国内颇具规模的燃具生产企业之一。容茂公司能够在激烈的市场竞争中脱颖而出,除了准确的品牌定位之外,其健康、快速的物流系统也是重要的原因之一。容茂公司凭借绿色物流带来的先发优势,一步步成为同类产品中的佼佼者。

2017 年中央发布文件,大力推进低碳物流。容茂公司深刻知道,如果想要夯实自身提倡的绿色理念,实现可持续发展,低碳物流是不可或缺的一部分,而低碳物流很重要的一部分就体现在燃具快递的包装上。容茂公司决定进行物流包装的低碳化改进,积极响应国家号召。燃具这个行业对成本很敏感,经营场地也很有限,想要节约成本,实现低碳物流,可以从包装出发,着力推进快递包装绿色化、减量化和可循环,包括木架材料、塑料包装材料等,推进行业节能减排,推进行业绿色高质量发展,进而使企业更牢固地站稳脚跟。

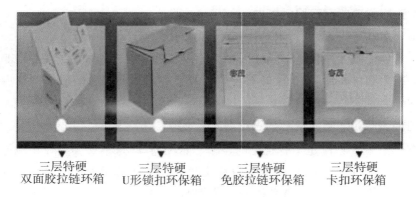

三层特硬　　　　三层特硬　　　　三层特硬　　　　三层特硬
双面胶拉链环箱　　U形锁扣环保箱　　免胶拉链环保箱　　卡扣环保箱

图9-4　容茂公司绿色循环箱设计图

　　于是经过寻找，找到了更优质的包装材料：可降解的玉米塑料和可清洗的聚苯乙烯材质，使用这类材料制成的绿色循环箱如图9-4所示，可5秒钟成型打包，不仅重量轻、可多次利用、确保100%回收再循环，而且，绿色循环箱无须胶水胶带就可成型使用，采用拆防盗扣设计，在保证不需要胶水胶带的同时又能确保货物不被随意开启，保证消费者所购商品的完好性。这类材料较传统材料有更大优势，于是决定按照这个想法进行一次包装材料的升级。

　　物流环节是一个整体，牵一发而动全身，包装材料升级的同时，建立相应的制度体系也是管理中必不可少的一环。下面就是改进后的容茂公司绿色物流大纲：

　　（1）针对可清洗可回收的包装材料制定完善的回收体系，从而达到材料回收再利用，低成本的绿色物流模式。容茂公司在货物自提点、物流配送中心等处设置快递包装回收点，对快递包装箱等包装材料进行分类回收，并通过消费积分奖励、运费优惠等形式，激发消费者参与快递包装回收的热情。

　　（2）对低碳技术进行进一步研发，并将低碳技术融入产品的品牌策略以及快递作业中去。容茂公司要利用好政府大力协助的优势，积极自主研发低碳能源核心技术，并将这些技术应用于企业日常生产实践之中，从而推进低碳经济的实现。与此同时积极加入低碳经济的行列，将产品、技术、服务的低碳概念融入品牌的核心价值，向消费者传播一种节能、低碳的消费观念。

　　（3）对于绿色物流实施进行一定的激励措施，采用物质激励和精神激励两种方式来推进低碳化发展。出台政策，对积极实行或研究低碳化技术的员工进行财政补贴，激发员工大力发展低碳技术的积极性。此外，通过对提出实施低碳化技术可行性方案的员工进行评选和奖励，把这些员工作为标杆，引导其他员工学习跟进。

　　这一决策使得容茂公司在短短的三年内，物流成本就降低了5%左右，提升容茂公司品牌形象的同时，也大幅提高了容茂公司的利润。

　　经过容茂公司在物流层面一次又一次地不断尝试与改进，容茂公司在安徽的物流业务成了其核心支柱之一，为公司大力发展提供了有力的支撑。2015—2018年近三年来，安徽市场的年利润均占容茂公司总利润的40%以上；公司对配送和仓储改革也使物流成本降为了原先的 92％；在客户服务水平方面，容茂公司 2018 年全年更是达到了零投诉的传奇，整个公司正稳健地走着"欣欣向荣"的道路。

资料来源：陈志松，大亚人造板集团有限公司的绿色供应链管理探索之路［EB/OL］.（2013-08-12）［2023-6-12］. http：//www. cmcc-dlut. cn/Cases/Detail/1214.

思考：容茂公司发展绿色物流有哪些举措？

思考与练习

1. 如何理解供应链环境下物流的特征？
2. 如何理解供应链环境下的物流管理战略？
3. 企业物流有哪些环节？
4. 如何理解物流在供应链中的作用？
5. 举例说明自营物流与外包物流的区别。

参考文献

［1］陈思芸，郭进利. 供应链管理环境下的物流管理及其战略分析［J］. 物流工程与管理，2016,38(1)：86-87.

［2］冯耕中，刘伟华，王强. 物流与供应链管理［M］. 北京：中国人民大学出版社，2021.

［3］HITCHCOCK T. Low Carbon and Green Supply Chains：The Legal Drivers and Commercial Pressures［J］. Supply Chain Management：An International Journal，2012,17(1)：98-101.

［4］毛敏，王坤. 供应链管理理论与案例解析［M］. 成都：西南交通大学出版社，2017.

［5］TURRISI M，BRUCCOLERI M，CANNELLA S. Impact of Reverse Logistics on Supply Chain Performance［J］. International Journal of Physical Distribution & Logistics Management，2013,43(7)：564-585.

［6］WIENGARTEN F，FYNES B，ONOFREI G. Exploring Synergetic Effects Between Investments in Environmental and Quality/Lean Practices in Supply Chains［J］. Supply Chain Management：An International Journal，2013,18(2)：148-160.

CHAPTER ⑩ 第十章 供应链管理的组织运行管理

学习目标：

(1)了解四种模式下的企业组织结构及其优缺点；

(2)了解什么是供应链风险及供应链风险的分类、识别及防范。

知识目标：

(1)掌握并区分不同模式组织结构的基本内容及四者之间的差异；

(2)掌握供应链组织系统中三种层面的概念、功能与三者之间的联系；

(3)掌握供应链风险的含义、特点与分类；

(4)掌握企业进行供应链风险防范的方法。

能力目标：

培养学生正确认识并区分传统企业组织结构与供应链组织系统，掌握风险规避的方法及对策。

素养目标：

让学生充分了解供应链组织结构的现状，明确遇到供应链风险该如何规避，激发学生对组织管理的兴趣。

知识结构思维导图

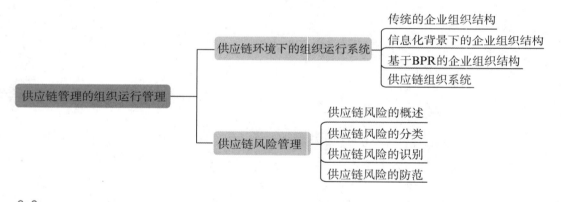

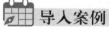导入案例 ------------------------------------

NDK 公司的采购之道

NDK 电机(青岛)有限公司在业界鼎鼎有名。公司坐落于美丽的海滨城市青岛，公司成立于 2001 年，是全球 500 强之一的美国 E 公司在中国的全资子公司，投资总额达 4000万美元，厂房面积 2 万平方米。NDK 公司专业开发和生产高效节能、技术先进、绿色环保的驱动电机和相关控制器产品，供应欧洲、亚洲和北美洲的家电、流体和工业应用领域市场。

NDK 公司采购部按照采购产品的不同区分为不同的科室，采购一科主要负责定转子的采购相关工作，采购二科负责传动部件(皮带轮、轴、轴承等)的采购，采购三科主要负责外观件(端盖、脚垫等)的采购。采购二科目前有主管欧阳强 1 人，助理 3 人。

NDK 公司的采购职能是企业的营运目标的分解与执行,采购职能可简单概括为确保物料实时供应,降低采购成本,减少存货提升周转率。NDK 公司采购部的职责是根据项目进行采购、完成年度降价指标、保证采购的及时性和帮助其他部门协调与供应商有关的各项工作。

NDK 公司采购部的主要工作流程包括:(1)供应商资料管理:更新和维护潜在供应商资料,确保每类物料有至少三家潜在供应商信息,并且信息处于有效、可用状态;(2)询价和定价:对于批量生产使用的原材料,应遵循"采购成本持续降低"的原则询价、进行价格磋商,新的定价原则上不高于现行价格。为新产品或其他非批量生产所需原材料进行的询价,应取得三家或以上的供应商报价,进行价格对比、磋商,以获得最适当、有竞争力的价格。价格的确定或变更由采购人员提出申请,经采购总监、财务总监、销售总监、总经理批准后方可生效;(3)供应商管理:采购人员综合考虑供应商的报价、资质等情况,选定潜在供应商,向质量部门提请供应商审核;(4)供方绩效评估:对于已经批准的合格供方,原则上 AB 类供应商要求每三年复审一次,每年制订审核计划并执行,在三年审核间隔内也可以视具体情况和需要增加审核次数;另外,CD 类供应商也可根据需要安排复审。对于已经批准的合格供方,要求每批到货随附供应商出厂检验报告,并符合 NDK 公司相关要求。

采购部作为公司供应链协同的核心部门,按照惯例,NDK 公司每次产品量产前都会进行由采购部发起的供应链协调与确认会。2019 年 5 月 30 日,NKD 公司 SP1-3 电机供应链确认会如期进行,确认会主要是产品相关各方明确最终需求,供应链部门进行回应。采购部是今天会议的主角,但是完全处于听命的状态,采购要根据参会各方的要求,在市场上寻找最优的供应商,确定供应商报价方式,以及供应商管理方式。在会议上,欧阳强认真聆听各部门的发言,心里盘算着下一步的工作计划,脑子里不断搜索可能的供应商名字。

6 月 9 日,采购部再次组织供应链协调会,NDK 公司主管运营的副总经理周凯参会,其他参会人员和上次的协调会一致。欧阳强开门见山:"这次浙江温州的供应商拜访很不顺利,他们的报价、供货时间、供货数量离我们的预期差不少,采购的价格一下子高了一块一毛七,整整 34%,还需要全额付款,从来没有先例,Whirlpool 的付款账期 60 个工作日,我们一般也是 60 个工作日付款,变更付款周期,必须请示公司。除此之外,NDK 公司面临的另一个问题是找不到合适的替代品。NDK 公司的产品是以质量可靠,性能上乘著称的,Whirlpool 找我们供应就是看中了这一点,SP1 通用皮带轮绝对无法满足 Whirlpool 新产品的要求,外观看起来差不多,但是皮带轮的锥槽角度与花纹与 SP1-1 不一样,且材质不同,SP1 是普通钢,SP1-3 是进口易切钢。"

NDK 公司开始意识到就这样一个小小皮带轮,极有可能断了 Whirlpool 这个大单,更会影响后续的长期合作。目前的采购困境已经不是采购总监一个人,或者是采购部门能独立解决的了,需要协调公司多部门,协商解决。只有把"卡脖子"原材料的采购问题做好,公司才能有更好的发展。

资料来源:黄辉,周兆凯,李瑞琪. NDK 公司瓶颈采购的纾困之道[EB/OL].(2020-10-15)[2023-6-12]. http://www.cmcc-dlut.cn/Cases/Detail/4760.

思考:NDK 公司如何解决采购困境?

第一节　供应链环境下的组织运行系统

一、传统的企业组织结构

20 世纪 20 年代,消费者需求处于稳定的状态,企业在生产经营过程中,以产品为导向,因此,传统组织结构以职能专业化进行设置,为了保证对专业化分工后的职能部门进行有效管理,企业的组织按层级进行设置,典型的组织结构如图 10-1 所示。

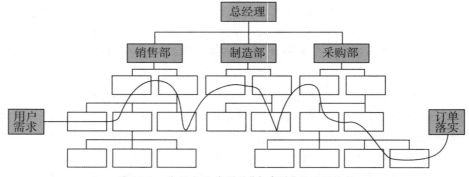

图 10-1　传统企业典型的"金字塔"形组织结构

这种组织结构的特点是多职能部门、多层次、严格的等级制度,从最高管理者到基层员工形成了一个等级森严的"金字塔"形的组织体系。这种组织结构适合于稳定的市场环境、大规模生产、以产品为导向的时代。它通过各部门的简单重复劳动来赢得整个企业的效率,但代价是整体工作时间延长、系统反应速度慢。一项业务要流经不同部门、不同层次,大量的时间和资金都浪费在这些不增值的活动中了。

二、信息化背景下的企业组织结构

如果说在工业化时代比较稳定的市场环境中,在产品供不应求、企业员工作为"经济人"而存在以及企业强调规模经济的情况下,流程片段化的危害性还不是很明显的话,那么,随着信息化时代的到来,市场环境日趋不确定,顾客的要求越来越个性化,企业员工强调自我实现,企业不仅追求规模经济效益,更强调时间经济,在这种情况下这种片段化的企业流程就使得企业越来越难以满足多方的要求,组织结构显得越来越僵硬。一项任务要顺序地流经各职能部门,虽然各职能部门的专业化程度提高了,但由于要等上一环节的工作完成后才能开始下一环节的工作,结果一个完整的任务或项目所包含的各项作业在职能部门之间被分解得支离破碎,既造成部门之间在衔接中的长时间等待,又使各部门增加了很多重复劳动,大大延长了完成任务所花费的时间。

为了减少时间和资金的浪费,人们曾进行过艰苦的探索。例如,早在 20 世纪 70 年代人们就利用计算机和信息技术建立管理信息系统(management information system,

MIS),进入 21 世纪后又开发出了企业资源计划(ERP)系统,试图通过计算机技术来提高企业的管理效率。但是,无论是 MIS 还是 ERP,在企业中应用的效果都不尽如人意,原因在于采用计算机技术后的管理系统并没有发生根本变化,只是在原有的管理系统中加入了计算机管理的成分,而且出于某些原因并不是所有的部门都安装了计算机。那些没有被纳入计算机管理信息系统的部门仍然是低效率的手工操作,这样它们与其他采用了计算机的部门差距更大了。这样的组织设计对业务流程没有产生根本性影响,因为它没有触及业务流程的变化,只是传统业务流程的计算机化而已。

信息技术应用于企业管理却没有释放其潜能的原因之一就是企业在应用信息技术时总是遵循旧的或业已存在的方式做事,而不是注重工作应该怎样去做,然后考虑如何应用信息技术来辅助实现它。办公自动化信息系统的初衷是为了实现"无纸化办公",结果却导致更多纸张的使用。不管是否有价值,报告越来越多,格式越来越漂亮。人们不惜花费数天时间去写报告并绘制精美的图表,以期得到高一级主管的认可或批准。在办公自动化软件上制作和修改文字及图表太容易了,以至于人们一遍一遍地修改完善。可问题在于,处理办公事务的流程和方式并没有改变。

企业在应用信息技术为顾客提供服务方面也会经常出现一些问题。运用计算机信息系统处理技术直接模仿手工业务处理和流程,就是在用计算机对许多不合理的业务和流程进行自动处理。由于人们是按照计算机的要求工作而不是按照顾客的要求办事的,因此有可能导致工作次序不如手工灵活,反而降低了服务质量。

以上分析表明,如果传统的业务流程不改变,即使采用了先进的信息技术,也不会对工作有根本性的帮助。同样,实施供应链管理也必须在组织结构上进行变革,要建立起适应供应链管理时代的业务流程和组织架构。要做好这些工作,首先要对企业业务流程重构有所了解。

三、基于 BPR 的企业组织结构

迈克尔·哈默教授于 1990 年在《哈佛商业评论》上首先提出了企业业务流程重构(business process reengineering,BPR)的概念。他发现对传统的企业工作流程计算机化后,并没有给企业带来预期效益,主要原因之一是没有触及传统的管理模式。因此,要想取得实效,首先必须分析企业的业务流程,剔除无效活动,对其进行彻底的重新设计,而计算机只是新业务流程的使能器。三年后,迈克尔·哈默与詹姆斯·钱皮教授合作出版了《企业再造》(*Reengineering the Corporation*)一书。该书的问世引起学术界和企业界的广泛重视,并使 BPR 成为近 20 年来企业管理研究和实践的热点之一。

BPR 是通过对企业战略、增值运营流程以及支撑它们的系统、政策、组织和结构的重组与优化,达到工作流程和生产力最优化的目的。

BPR 中有一个关键概念,也是它有别于传统职能分工的地方,就是对经营流程的定义。所谓经营流程,不是指个别业务部门的工作程序,而是指"输入一个以上的东西,对顾客产生价值的输出行为的集合",是对企业整体业务流程而言的。BPR 对流程的定义不仅要求在企业组织结构中减少甚至消除那些不产生附加价值的中间环节,以使经营流程完整化、一体化,更要求应以经营流程为企业组织的主干,彻底改造企业的组织结构模式,只有这样才能发挥出现代管理理论的威力。

基于 BPR 的企业组织应包括以下几个方面的内容。

(1)企业应是流程型组织。将属于同一企业流程内的工作合并为一个整体,使流程内的步骤按自然的顺序进行,工作应是连续的而不是间断的。整个企业组织结构应以关键流程为主干,彻底打破旧的按职能分工的组织结构。

(2)流程经理的作用。所谓流程经理,就是管理一个完整流程的最高负责人。流程经理不仅要起到激励、协调的作用,而且应有实际的工作安排、人员调动、奖惩的权力。这是有别于矩阵式组织结构中的项目经理的地方。项目经理的组织方式形式上与流程重构是一样的,由各个部门的人组成一个完整的流程,但他们只是这个项目的召集人或者是一个协调者,没有实权,难以保证这个流程不受本位主义的干扰。

(3)职能部门的价值。虽说在同一流程中不同领域的人相互沟通与了解能创造出新的机会,可同一领域的人之间的交流也很重要。而这种职能部门正好为同一职能、不同流程的人员提供了交流的机会。当然,在新的组织结构中,这种职能部门的重要性已退居于流程之后,不再占主导地位,它更多地转变为了激励、协调、培训等。

(4)人力资源部门的重要性。在基于 BPR 的企业组织结构中,在信息技术的支持下,执行人员被授予更多的决策权,并且将多个工作汇总为一个,以提高效率。这对人员的素质要求更高,因而在 BPR 条件下,人力资源的开发与应用显得更重要。

(5)现代信息技术的支持和使能作用。BPR 本身就是"以信息技术使企业再生"。也正是由于现代信息技术使得多种工作汇总、迅速决策、信息快速传递、数据集成、共享成为可能,才推动 BPR 和组织创新,彻底打破了原有模式。现代信息技术已成为新型企业的物理框架,对整个企业组织的各方面起着支持作用。

从以上几个方面得出的基于 BPR 的企业组织结构如图 10-2 所示。

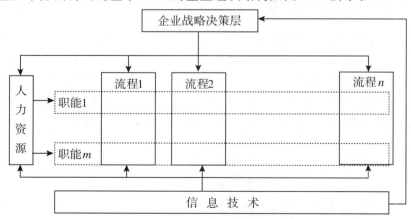

图 10-2 BPR 的企业组织结构示意

四、供应链组织系统

供应链管理实施的核心内容是倡导供应链协同运行。供应链管理的本质是客户和供应商通过有效的协调运作,消除由于传统管理模式的不协同(或称不协调)而产生的浪费(即不增值的活动),以及因局部利益最大化而产生的价值损失。提高供应链协同运行水平给企业带来的效益是巨大的。

供应链协同运行在业务流程层面主要包括以下几个方面的内容:需求和预测数据的协同、采购订单作业协同、生产计划和供应能力协同、质量管理与品质认证协同、价格与成本信息共享等。依据协同运行的范围又可分为企业与外部合作伙伴间的协同、企业内部各部门或各事业部间的协同。

为了实现供应链协同管理的目标,供应链企业间除了需要有一种长期合作的战略伙伴关系外,还需要建立完整的供应链组织系统,如图 10-3 所示,将战略合作决策层、战术运作管理层和执行控制层集成起来,使其成为保证供应链管理系统有效运行的支持体系。

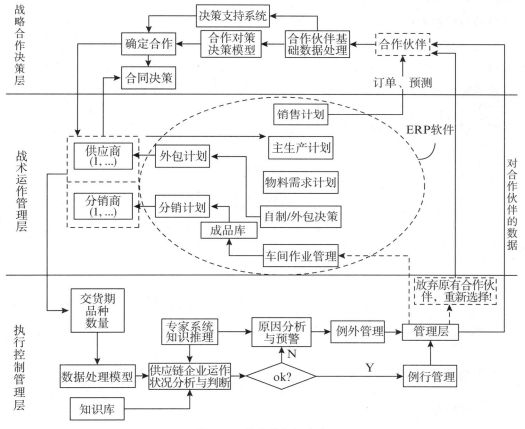

图 10-3　供应链组织系统

(一)战略合作决策层

第一个层次是战略合作决策层,它是指供应链系统中的某个需求方企业在把相关业务委托给供应链中的供给方企业时,为了能更有效地达到资源共享、共同占领市场的目的而选择合作伙伴的决策过程。如果合作伙伴选择不当,就会给将来的供应链系统运行埋下风险隐患。因此,这一层次涉及的是供应链管理的战略性决策,它的决策正确与否将给整个供应链系统带来长期影响。

(二)战术运作管理层

第二个层次是战术运作管理层。通过第一个层次的工作,企业选定了自己的合作伙伴,确定了合作对象和合作内容,并且通过对双方而言都是最佳的供应契约确定下来彼此的权利和义务。接着要做的工作就是日常的运作计划的制订,这里所说的运作计划是对整个供应链系统而言的。因为供应链系统能否协调运行,在很大程度上取决于是否有一个合理的、指导全局的整体运作计划,尤其是对上游的供应商来说,它能否与需求方企业保持同步制造以降低在制品库存,就要看整个供应链的计划安排是否合理。制订整个供应链系统的生产与销售运作计划,使整个供应链的所有企业能够在"一个计划"思想指导下安排各自的生产与销售活动。

(三)执行控制管理层

第三个层次是执行控制管理层,其主要功能是在供应链系统具体执行供应链运作计划的过程中,及时搜集来自合作伙伴的计划执行信息并进行处理与评价,与绩效指标及供应链稳定运行的指标相比较,以使企业能够随时监督供应链系统的运行状况。一旦出现异常情况,它就会向管理人员发出警示,管理人员就可以采取预先制定的应急措施,防止供应链系统发生波动/风险而给各个企业带来损失,避免出现供应链中断等损失。

第二十七讲　供应链环境下企业组织设置与运行管理

第二节　供应链风险管理

一、供应链风险的概述

(一)供应链风险的含义

供应链所面临的市场竞争环境存在着大量的不确定性。只要存在不确定性,就存在一定的风险,因此需要进行风险管理。

供应链系统是一个复杂的系统,其风险是很难界定的,不同学者从不同角度来定义。

国外学者对供应链风险的研究是从研究供应风险开始的,Mitchell(1995)认为,它是由各成员企业中员工的教育层次等因素的不同以及供应市场的特征(如市场结构的稳定性、市场利率的变化等)导致供应上的不足而带来的风险。G. A. Zsidisin 等人(2003)将供应风险定义为"供应不及时而导致货物和服务质量的降低"。

根据德勤咨询公司 2004 年发布的一项供应链研究报告,供应链风险是指对一个或多个供应链成员产生不利影响或破坏供应链运行环境,从而使得供应链管理达不到预期目标甚至导致失败的不确定性因素或意外事件。

中华人民共和国国家标准《供应链风险管理指南》(GB/T 24420—2009)也对供应链风险进行了定义:供应链风险(supply chain risk)是指有关供应链的不确定性对目标实现的影响。

因此,我们可以认为,供应链风险包括所有影响和破坏供应链安全运行,使其不能达到供应链管理预期目标,造成供应链效率下降、成本增加,导致供应链合作失败或解体的各项不确定性因素和意外事件,既包括自然灾害带来的风险事件,也包括人为因素产生的风险事件。

为了提高供应链的竞争力,获取竞争优势,企业需要高度重视供应链风险管理,它不仅是供应链管理理论体系的核心内容之一,而且是供应链管理的内在要求。企业必须采取措施避免可能对供应链产生破坏的风险,尽量降低风险给供应链带来的损失,使供应链在受到风险事件冲击后能够迅速恢复到正常运行状态。这些目标只有通过合理的风险管理与控制措施才能达成。

供应链风险管理(supply chain risk management)是为了提高供应链运行的稳健性而在风险分析、风险识别、风险应对及供应链危机恢复过程中所采取的风险应对计划、组织、协调与控制活动的总称。

(二)供应链风险的特点

除了具有一般风险的特点外,供应链风险还具有以下特点。

1. 传递性

传递性是供应链风险最显著的特征,也是由其自身组织结构所决定的。由于供应链从产品开发、原料供应、生产制造到流通过程,由多个节点企业共同参与,根据流程的时间顺序,各节点的工作形成了串行或并行的混合网络结构,其中某一项工作既可能由一个企业完成,也可能由多个企业共同完成。

因此各环节环环相扣,彼此依赖和相互影响,任何一个环节出现问题,都可能波及其他环节,影响整个供应链的正常运作。这种传递性指的是供应链风险在供应链节点企业之间的传递,利用供应链系统的联动性,对其造成破坏,给上下游企业以及整个供应链带来危害和损失。

2. 多样性和复杂性

供应链从构建起就面对许多风险,它不仅要面对单个成员企业所要面对的风险,如财务风险、人力资源风险、赊销风险等,还要面对由于供应链的特有组织结构而决定的企业之间的合作风险、道德信用风险、企业文化风险、信息传递风险及利润分配风险等。因此供应链风险相比一般企业的风险,类型更多、范围更广,也更为复杂。

3. 此消彼长

供应链中的很多风险是此消彼长的,一种风险的减少会引起另一种风险的增加,这可以从两方面来解释。

一是从整体来讲,把供应链看作一个大企业群,企业内一种风险的减少会导致另一种风险的增加,如营运风险和中断风险,减少库存,营运风险减少,但中断风险随之而增加。二是供应链系统内各节点企业之间风险的此消彼长,即一企业风险的减少可能会导致相关的企业风险的增加。如制造厂商为了减少自身的库存风险,要求上游供应商采用 JIT 方式送货,而这必然导致上游供应商送货成本和库存的增加,即制造商库存风险减少在某种程度上是以供应商库存风险的增加为代价的。

因此在研究供应链风险,加强对供应链风险的控制时就要充分考虑风险的相互影响性,对此消彼长的风险进行权衡以确保供应链整体风险最小。

4. 局部实际运作性

供应链风险中外部风险是客观存在的,而由系统内部因素引起的一些风险,如合作风险、道德信用风险、企业文化风险、信息传递风险及利润分配风险等,在本质上则是实际运作风险。只有企业之间以供应链方式实际运作时,才有这些风险发生。因此对供应链风险研究必须熟悉了解供应链的构建与运作流程。

二、供应链风险的分类

参考 Juttner 等(2002)的分类架构,可按照风险因素的不同类别归纳出以下几类供应链风险。

(一)内部供应链风险

它主要指供应链系统内部产生的风险,主要包括:

(1)组织风险。企业组织内部供应链风险问题从组织内部层面探讨风险的来源,包括人力资源、质量管理、管理者决策以及新产品开发,涉及人员、设备以及技术,其中任何一项出现错误,就可能会造成组织供应链的损失。

(2)库存风险。库存的存放地点、种类、数量以及补充方式,必须与整体供应链相结合。当预测失真、调度或库存系统出现问题时,均可能造成损害。

(3)采购风险。采购的目的是必须以适当的成本在适当的时间、正确的地点,以最有效率的方式将产品或服务顺利交给需求方。采购的每一阶段都隐含着风险,比如采购成本过高就可能导致竞争力降低,无法满足客户需求。

(4)配送风险。配送的主要目的在于让产品流动,尽可能快速地交付客户所需产品,同时符合生产进度。若发生运输设备故障或人为状况、缺货严重,无法迅速回应配送,或是沟通不畅,以至于配送信息发生错误,都可能影响到配送及其成本。

(5)财务风险。财务风险是组织之间的现金流动风险,包括费用收入及支出、对整个供应链的投资、现金以及财产处置、账款出纳流程及系统面临的风险。财务风险存在于整体供应链中,无论上、中、下游都有可能出现外部环境风险或是内部运营状况。

(二)相关网络风险

主要指合作伙伴关系网络和信息网络形成的风险。

(1)合作伙伴关系风险。伙伴关系是一种组织间的临时性关系,当彼此同意改变个别的经营方式而相互整合、共享利益时就形成这种伙伴关系。这种关系建立于彼此间的信任关系下,一旦这种关系有所变化,将影响整条供应链。

(2)信息风险。由于每个企业都是独立经营和管理的经济实体,供应链实质上是一种松散的企业联盟,当供应链规模日益扩大,结构日趋繁复时,供应链上发生信息错误的机会也随之增多。信息传递延迟将导致上下游企业之间沟通不充分,对产品的生产以及客户的需求在理解上出现分歧,不能真正满足市场的需要。同时会产生"牛鞭效应",导致过量的库存。

(三)外部供应链风险

主要指供应链外部因素所产生的风险,主要包括政治风险、自然风险以及市场风险。

(1)政治风险。政治风险并不是只包括狭隘的政治法律因素所造成的风险,而是包括所有因为政治变动而改变企业利润或目标的风险。从供应链角度出发,政治风险的含义是因政治变动因素导致供应链传递发生阻碍,如战争、革命、内乱、对自由贸易的限制、税制变动、外汇法令变动与管制所造成的风险。这类风险对企业而言很难避免与控制,只能依靠自身的调整来适应改变。

(2)自然风险。这类风险来自自然灾害或偶发性意外事件,如地震、火灾、水灾、疫情等灾害。这类风险虽然属于偶发性风险,但是一旦发生,所造成的损失往往难以估计,企业只能事前多做保险与防范措施,使损失降到最低。

(3)市场风险。市场风险主要指市场、产业以及新产品三者之间的不确定性所造成的供应链阻碍,包括客户需求的不确定性以及新产品的风险。现今产品生命周期逐渐缩短,产品不断推陈出新,影响了产品线,造成供应链风险。

三、供应链风险的识别

(一)供应链风险识别的含义

供应链风险识别是指供应链风险管理主体在各类风险事件发生之前运用各种方法系统地认识所面临的各种风险以及分析风险事件发生的潜在原因。通过调查与分析识别供应链风险的存在;通过归类,掌握风险产生的原因和条件,以及风险的性质。

供应链风险识别阶段是供应链风险管理最重要的一步,也是有效进行风险管理的一步。许多学者认为,没有风险识别就没有风险评估、风险控制和管理,也不会有预防和保险。供应链风险识别是供应链风险管理的前提,具有非常重要的意义。由于风险存在的客观性、普遍性与风险识别的主观性有差异,因此,正确识别风险成为风险管理中最重要也是难度最大的工作。

(二)供应链风险识别的方法

对于风险管理者来说,凭借其经验和一般知识便可识别和分析常见风险。但对于新的、潜在的风险,其识别和分析难度较大,需要按照一定的方法,在必要时还要借助外部力量,来进行识别与分析。一般来讲,企业风险识别的途径有两条:一是借助企业外部力量,利用保险公司及相关咨询机构、学术团体提供的信息资料识别与分析风险;二是依靠企业自身力量,利用内部信息及数据识别风险。供应链风险的识别可以采用一般企业风险识别的方法,下面分析几种常用的风险识别方法和工具。

1. 情景分析法

情景分析法常常以头脑风暴的形式,来发现一系列主要的与经济、政治、技术、文化等相关的影响供应链表现的风险因素。这种方式可以识别事件将来发展的一个趋势。一旦某种趋势被识别出后,跟着就要分析这种趋势对企业对供应链将会产生怎样的影响,然后发现一系列存在的或潜在的风险因素。

2. 历史事件分析法

历史事件分析法通过分析历史风险事件来总结经验,进而识别将来可能发生的潜在风险。一般情况下,先收集一些产生不良后果的历史事件案例,然后分析总结导致这些事件发生的风险因素。而且这个分析过程也包括对那些在实际中虽然没有导致损失但却暗示着潜在危机的事件的分析。例如,零部件出现短缺、客户需求突然发生变化、生产和产品质量发现问题等。

3. 流程分析法

供应链风险因素也可以通过分析供应链流程而识别出来。这种方法首先绘制出展现不同业务功能的供应链流程图,而且这个流程图必须足够详尽,包括从起点到终点的整个可供分析的供应链流程。这个流程图里的每一步都代表一个独立的业务流程,要弄清楚关于这个流程的细节,包括它的目的、如何进行、由谁来进行以及所可能导致的失误。供应链流程图完成后,它就可以被用来分析并发现控制缺陷、潜在失效环节以及其他的薄弱环节。

4. 风险问卷法

风险问卷又称为风险因素分析调查表。风险问卷法是以系统论的观点和方法来设计问卷,并发放给供应链各节点企业内部各类员工去填写,由他们回答本企业所面临的风险和风险因素。一般来说,供应链各企业基层员工亲自参与到供应链运作的各环节,他们熟悉业务运作的细节情况,对供应链的影响因素和薄弱环节最为了解,可以为风险管理者提供许多有价值的、细节的有关局部的信息,帮助风险管理者来系统地识别风险,准确地分析各类风险。

在风险识别的过程中,要特别注意几个问题:一是要注意结合各种风险识别方法,没有一种方法可以识别出供应链所面临的全部风险,风险管理者应根据实际情况优选最佳方法或多种方法组合;二是节点企业间应密切联系和配合,供应链的风险管理者应该与所有的参与者经常取得紧密联系,交换意见,以便于掌握供应链的运营状况;三是注意外部有关的风险信息和资料,风险管理者需要经常留意有关风险事件报道、预测等具有参考价值的信息,并及时对现有供应链风险识别资料进行补充和完善。另外,还需要密切关注能够对供应链运作产生直接或间接影响的因素,包括国内国际政治、经济、科技、贸易、公共卫生等方面的最新形势等。

供应链风险度量是指对风险发生的可能性或损失的范围与程度进行估计与度量。仅仅识别风险,了解灾害损失的存在,对实施风险管理来说远远不够,还必须对在实际中可能出现的损失结果、损失的严重程度予以充分的估计和衡量。只有准确地度量风险,才能选择有效的工具应对风险,达到用最少费用支出获得最佳风险管理效果的目的。

在评估供应链风险时,不仅要考虑风险对某个供应链企业的影响,还要考虑风险对供应链整体造成的后果;不仅要考虑供应链风险带来的经济损失,还要考虑供应链风险带来的非经济损失,如信任危机、企业声誉下降等。这些非经济损失很难用金钱来衡量。

四、供应链风险的防范

对供应链风险的防范,可以从战略层和战术层分别考虑,主要措施包括以下几种。

(1)建立战略合作伙伴关系。要实现预期的战略目标,客观上要求供应链企业进行合作,形成共享利润、共担风险的双赢局面。因此,与供应链中的其他成员企业建立紧密的合作伙伴关系,成为供应链成功运作、防范风险的一个非常重要的先决条件。这不仅包括制造商与制造商之间的横向合作,也包括供应商与制造商之间的纵向合作,这两种合作都对降低供应链的脆弱性和减少风险起着举足轻重的作用。建立长期的战略合作伙伴关系,首先要求供应链的成员加强信任。其次,应该加强成员间信息的交流与共享。最后,应建立正式的合作机制,在供应链成员间实现利益分享和风险分担。

(2)加强信息交流与共享,优化决策过程。供应链企业之间应该通过相互的信息交流和沟通来消除信息扭曲,从而降低风险。

(3)加强对供应链企业的激励。对供应链企业之间出现的道德风险的防范,主要通过尽可能消除信息不对称性,减少出现败德行为的土壤。同时,要积极采用一定的激励手段和机制,使合作伙伴能获取的利益比采取败德行为能获得的利益更大,以消除道德风险。

(4)柔性设计。供应链合作中存在需求和供应方面的不确定性,这是客观存在的规律。供应链企业在合作过程中要通过在合同设计中互相提供柔性,部分消除外界环境不确定性的影响,传递供给和需求信息。柔性设计是消除由外界环境不确定性引起的变动因素的一种重要手段。

(5)风险的日常管理。竞争中的企业时刻面临着风险,因此对于风险的管理必须持之以恒,建立有效的风险防范体系。要建立一整套预警评价指标体系,当其中有一项以上的指标偏离正常水平并超过某一"临界值"时,该体系发出预警信号。其中,"临界值"的确定是个难点。临界值偏离正常值太大,会使预警系统在许多风险来临之前才发出预警信号;而临界值偏离正常值太小则会使预警系统发出太多的错误信号。企业必须根据各种指标的具体分布情况,选择能使该指标错误信号比例最小的临界值。

(6)建立应急处理机制。当预警系统发出警告后,应急系统及时对紧急、突发的事件进行应急处理,以避免给供应链企业带来严重后果。针对合作中可能发生的各种意外情况的应急工作是一项复杂的系统工程,必须从多方面、多层次考虑这个问题。通过应急系统,可以化解供应链合作中出现的各种意外情况以及出现的风险,减少由此带来的实际损失。

(7)资源配置到位。当对策制定好在风险爆发付诸实施时,公司内部资源的安排一定要保障硬件与软件的配合。

（8）确保对话渠道畅通。确保企业内外部对话渠道畅通，与外部世界建立良好的互动、协作关系，改善企业外部的生存环境。如果缺乏内外部的沟通，风险可能会放大百倍以上。

供应链风险防范除了要做好上述几项工作外，在日常的供应链运作过程中，还必须将对合作伙伴的风险防范和激励机制纳入体系化管理，这样才能在出现风险苗头时及时采取措施，将可能的风险损失消除在萌芽状态之中。

第二十八讲 供应链风险管理

章节案例讨论--

比亚迪的弹性供应链

2021年4月5日，美国汽车工业组织发出警告，受疫情影响，全球半导体短缺可能导致今年生产的车辆减少128万辆，并使各大车企的生产工作再次中断6个月，芯片短缺正在严重冲击全球汽车制造业。从2020年12月份大众汽车宣布减产，到如今海外车企各生产基地的减产甚至停产，芯片短缺问题对全球汽车产业的冲击持续蔓延。与各大汽车制造企业由于芯片短缺陆续被迫停产、减产形成鲜明对比，比亚迪自2003年就开始布局车载芯片的研发，进行弹性芯片供应链构建的准备工作。经过十几年的构建与不断完善，比亚迪车载芯片板块已取得一定成果。由于提前布局芯片自研，在批量生产的支撑下不仅能够满足自身汽车生产的芯片需求，还能实现部分外供。

比亚迪的董事长王传福一直有着超前的思路和想法，也正是这种前瞻意识和对风险的敏锐洞察力，牵引着比亚迪在车载芯片领域迅速发展。21世纪初，凭借着对汽车行业市场的了解和分析，王传福认为汽车的"电动化"和"智能化"会成为未来市场的发展共识，新能源车型的产销量在未来会迎来爆发式的增长。随着新能源汽车的电动化、智能化的发展趋势，车载芯片的研发和供应不足将会成为制约比亚迪新能源汽车发展的重要因素。通过和高层领导成员沟通，王传福很快意识到如果不解决这个制约因素，它将成为比亚迪发展新能源汽车的瓶颈，于是开始布局比亚迪的芯片研发。这是比亚迪进行车载芯片布局落脚点，也是比亚迪勾勒弹性芯片供应链草图的起点。

2008年10月，半导体制造企业宁波中纬积体电路（宁波比亚迪半导体前身）以1.7亿多元的价格被比亚迪收购。收购这个当年业界知名的"烂摊子"，比亚迪引起一片哗然。此后数月，本该旭日东升的比亚迪股价一落千丈。

以当时的环境来看，这次收购更像是一场不明朗的轮盘赌。时间是最好的答案，十多年时间，比亚迪打破了欧洲、日本的技术垄断，将IGBT技术从1.0迭代到4.0。事实证明王传福赌对了,这一收购决策让比亚迪的 IGBT 产品研发和制造走上了正轨。这次收购是比亚迪芯片自主研发生产的前瞻性布局,为芯片供应链的构造搭建了框架,同时在供应链中预嵌弹性,增强了比亚迪应对风险的抵御能力。这次布局既是源于一个企业家的战略眼光,也来自一位技术型领军者突破核心技术封锁的迫切愿望。比亚迪同时也注重对包括芯片设计、制造、封装及下游应用在内的供应链的整体把控。

(1)供应链上游,比亚迪持续投入高端芯片研发。比亚迪对芯片自主研发的执着,直接体现在逐年递增的研发投入上。根据企业资料显示,比亚迪 2020 年在研发上投入的金额为 85.56 亿元,2018、2019 年的研发投入也均超过了 80 亿元,回顾过去的企业数据,此前也是呈现逐年增长的状态,比亚迪半导体就是长期高投入下的产物。比亚迪对于芯片的研发设计远超国内大部分半导体厂商。其自主研发的比亚迪 IGBT4.0 直接打破了德国英飞凌、日本丰田等国外厂商在高端 IGBT 方面的国际垄断,是比亚迪半导体的明星产品。除此之外,比亚迪在车规级 8 位、32 位 MCU 芯片以及电池管理 MCU 芯片和传感器芯片等系列产品的设计皆有了长足的进展。

(2)供应链中游,比亚迪积极匹配生产能力。在宁波比亚迪半导体有限公司负责 IGBT 芯片制造的核心技术生产基地中,比亚迪进行晶圆生产的车间的无尘等级均为一级,这也是半导体行业的最高等级。换句话说,为了追求芯片的高质量生产,防止失效,车间每立方英尺(0.0283 立方米)空间中,直径超过 0.5 微米的微尘粒子不超过一个。带有通风孔的车间地板下面是空气过滤系统,室内始终保持着恒定的温度和湿度。晶圆制造的用水要经过 20 多层净化达到超纯水级别。车间内存有大量备用水和应急发电机,随时应对停水停电的突发情况。晶圆生产所需的光刻机需要放在特制的防震台上,避免受到路过车辆,甚至人的脚步产生的振动影响。为了防震,这座工厂的地基还打到岩石层。晶圆的生产流程执行严格的标准,以 SiC(碳化硅)为例,先要将碳化硅粉末加工成类似于钢锭的晶锭,然后切成薄薄的碳化片,之后经过光刻、蚀刻、离子注入等十几道工序,一片晶圆制作完成。宁波比亚迪生产的晶圆厚度最薄可以做到 $120\mu m$(约两根头发丝直径),这个数字在 1200V 车规级 IGBT 芯片厚度上处于全球领先水平。高精密的生产车间严格地保证了标准化的生产流程。

(3)供应链下游,比亚迪打破材料制约因素。芯片供应链下游的封装部分是国内大部分半导体企业进入芯片行业的切入口,比亚迪最初也是由此嵌入芯片供应链,也是比亚迪芯片发展中较为成熟的环节。车规级 IGBT 的散热效率要求比工业级高得多,同时还要考虑强振动条件,因此封装要求远高于工业级别。而 IGBT 封装的主要目的是散热,其关键是材料。在 IGBT 封装材料方面,我国的材料科学虽然起步晚,却后发先至,使得比亚迪在封装方面的一些制约也正逐步被打破。"从 2005 年公司启动理论研究和封装业务开始,十五年的研究发展,现如今,比亚迪以 IGBT 为主的车规级功率半导体累计装车超过 100 万辆,实现了巨大的跨越",比亚迪半导体产品中心芯片研发总监吴海平这样介绍道。

芯片供应链上游、中游和下游的整体协调是维持比亚迪供应链竞争优势的有力支撑,其整体把控使得过去的十几年成为比亚迪半导体技术研发不断深入的十几年,也是其各个产业链不断耦合试错的十几年。这种市场、技术的作用与反作用力是比亚迪独特的发展优势,并成为比亚迪半导体技术在长期实践中铸就的产业护城河。网链分块基础上的上中下游的整体把控提高了供应链的柔性,优化了供应链冗余,提升了芯片供应链弹性。

目前,车载芯片短缺已经成为全球范围内的共性问题,比亚迪半导体的重组和分拆上市可以为比亚迪赢得进一步拿下国际半导体供应商丢失的市场提供机会。比亚迪芯片外供的序幕正徐徐开启,比亚迪和它的中国"芯"正在打破高端车载芯片的供应链格局,迎来新格局。

资料来源:魏旭光,张星,韩天琦,李向东.打造弹性供应链:比亚迪的"芯"布局[EB/OL]. (2022-03-25)[2023-6-12]. http://www.cmcc-dlut.cn/Cases/Detail/6184

思考:比亚迪是如何应对芯片短缺风险的?

思考与练习

1. 如何理解传统企业组织结构的特点?
2. 如何理解信息化背景下的企业组织结构特点?
3. 企业业务流程重构对设计供应链管理的组织结构有何启发?
4. 如何理解供应链组织系统的结构?
5. 如何理解供应链风险的含义?
6. 供应链风险的类型有哪些?
7. 如何理解供应链风险识别?
8. 供应链风险识别的方法有哪些?
9. 供应链风险的防范措施有哪些?

参考文献

[1] 巴罗.企业物流管理:供应链的规划、组织和控制[M].王晓东,等,译.北京:机械工业出版社,2006.

[2] CHRISTOPHER M,LEE H. Mitigating Supply Chain Risk Through Improved Confidence[J]. International Journal of Physical Distribution & Logistics Management,2004,34(5):388-396.

[3] 傅亮,赵鸿,李蓬实.供应链风险识别及其对策分析[J].物流技术,2012,31(5):192-193+241.

[4] GHADGE A S,DANI S,CHESTER M,ET AL. A Systems Approach for Modelling Supply Chain Risks[J]. Supply Chain Management:An International Journal,2013,18(5):523-538.

[5] GHADGE A S,DANI S,CHESTER M,ET AL. Supply Chain Risk Management:Present

and Future Scope[J]. International Journal of Logistics Management,2012,23(3):313-339.

[6] 李爱军,黎娜. 基于 BPR 的中小企业供应链业务流程的再造[J]. 统计与决策,2010(14):177-179.

[7] 兰伯特. 供应链管理:流程、伙伴、业绩[M]. 王平,译. 北京:北京大学出版社,2007.

[8] 李雪琴,胡永仕. 供应链风险识别、评估与缓解研究综述[J]. 物流技术,2023,42(2):122-126+141.

CHAPTER ⑪

第十一章

供应链金融

学习目标：

(1)了解供应链金融的基本知识与基本范式；

(2)认识供应链金融的特征及供应链金融生态的参与者；

(3)了解应收账款融资、库存融资及预付款融资操作流程。

知识目标：

(1)掌握国内外学者对于供应链金融定义理解的异同；

(2)掌握并比较供应链金融生态中宏观参与者、中观参与者与微观参与者主要职责和组织流程的差异；

(3)掌握应收账款融资、库存融资及预付款融资的分类。

能力目标：

(1)分析判断企业在供应链金融中处于何种参与者；解决不同角色下企业在供应链金融管理中存在的问题。

(2)分析并解决企业在融资过程中可能存在的实际问题。

素养目标：

对供应链金融融资范式及步骤有一个初步的了解，培养学生在今后工作中面对企业供应链金融融资等事项时解决问题的能力。

知识结构思维导图

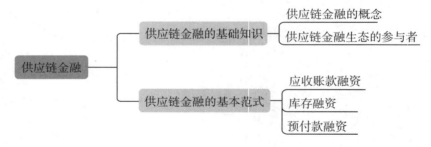

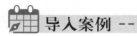 导入案例 --

让金融"链"上制造业

2021年,宇通集团生产的大中型客车在国内市场占有率为 38.2%。由于单一客户采购量较大,下游许多终端客户需要贷款购车,银行审批与放款的时间较长,但宇通集团却有尽快回款的需求。针对宇通集团这一需求,中国建设银行河南省分行为其量身定制了"e 销通"创新融资方案,基于核心企业的优质信用,在担保方式、融资期限、融资额度占用、还款方式、客户区域等多个环节进行常规突破,推出了"建设银行＋担保公司＋汽车厂商＋终端客户"四位一体的汽车金融业务模式,为宇通集团下游的购车客户提供全流程线上融资服务。

　　随着河南金石混凝土有限公司业务不断壮大,其原有的混凝土搅拌车已无法满足生产需求。综合考虑多方因素后,金石公司最终决定从宇通商用车有限公司购买新车。然而,购车款却成了令公司财务部头疼的难题。混凝土生产对于资金的需求巨大,除需维持其日常生产运作活动的常规资金外,公司还需承担合作方压款的压力,几乎每个环节都需要现金流。而金石公司作为小微企业,难以凭借自身信誉从银行获取大额贷款。

　　如何破解有限的资金与购车需求之间的矛盾?

　　就在这时,宇通商用车有限公司向中国建设银行郑州铁路支行推荐了金石公司。该行客户经理第一时间联系了公司财务部:"我们有专门针对宇通集团购车客户的贷款产品,速度快、利率低、期限灵活。"在客户经理的规划下,采用建行的网络供应链产品,总价398.4万元的购车款,金石公司能贷款278.88万元,期限可分三年。

　　线上申请通过两天后,金石公司就收到了全部贷款,而这桩业务也实现了中国建设银行河南省分行对宇通商用车供应链贷款的首笔投放。

　　资料来源:让金融"链"上制造业——新金融新动能之供应链金融篇[EB/OL].(2022-07-12)[2023-6-12].https://gxt.henan.gov.cn/2022/07-12/2485869.html.

　　思考:供应链金融如何助力金石公司及宇通商务有限公司?

第一节　供应链金融的基础知识

一、供应链金融的概念

　　随着经济全球化和网络化的发展,不同公司、国家甚至一国之内的不同地区之间比较优势被不断地挖掘和强化。往往对于经济和金融欠发达地区或资金不够雄厚的中小企业而言,一些"成本洼地",成了制约供应链发展的瓶颈,影响到供应链的稳定性和财务成本,在这一背景下,供应链研究和探索的重心逐渐转向了提升资金流效率的供应链金融层面。

　　纵观目前国际上有关供应链金融的定义,首次提出该概念的是蒂默(Timme)等学者,他们认为供应链上的参与方与为其提供金融支持的处于供应链外部的金融服务提供者可以建立协作,而这种协作关系旨在实现供应链的目标,同时考虑到物流、信息流和资金流及进程、全部资产和供应链上的参与主体的经营,这一过程就称作为供应链金融。从这个概念界定可以看出,供应链金融非常强调金融主体和供应链参与企业之间协作关系的建立,并且通过这种紧密的关系,可以促进供应链商流、物流、信息流和资金流的结合。

　　除此之外,普法夫等人(Pfaff et al.,2004)认为订单周期管理,包括涉及订单、记账、支付过程和IT系统的任何活动,也是供应链金融的一个重要方面。

　　另一类对供应链金融的定义,比较强调生态圈建立对财务和资金的优化,具代表性的有迈克尔·拉莫洛克斯(Michael Lamoureux,2007),他认为供应链金融是一种在核心企业主导的企业生态圈中,对资金的可得性和成本进行系统优化的过程。这种优化主要是通过对供应链内的信息流进行归集、整合、打包和利用的过程,是通过嵌入成本分析、成本管理和各类融资手段而实现的。

在供应链金融研究中,霍夫曼在2005年提出具有代表性的供应链金融定义,他认为供应链金融可以理解为供应链中包括外部服务提供者在内的两个以上的组织,通过计划、执行和控制金融资源在组织间的流动,以共同创造价值的一种途径。

国内关于供应链金融定义的普遍观点认为,供应链金融是指"以核心客户为依托,以真实贸易背景为前提,运用自偿性贸易融资的方式,通过应收账款质押登记、第三方监管等专业手段封闭资金流或控制物权,对供应链上下游企业提供的综合性金融产品和服务"。"供应链金融"是一种独特的商业融资模式,依托于产业供应链核心企业对单个企业或上下游多个企业提供全面金融服务,以促进供应链上核心企业及上下游配套企业"产一供一销"链条的稳固和流转顺畅,降低整个供应链运作成本,并通过金融资本与实业经济的协作,构筑银行、企业和供应链的互利共存、持续发展的产业生态。

结合国内外对供应链金融的理解,我们认为供应链金融是一种集物流运作、商业运作和金融管理于一体的管理行为和过程,它将贸易中的买方、卖方、第三方物流以及金融机构紧密地联系在了一起,实现了用供应链物流盘活资金,同时用资金拉动供应链物流的作用;而在这个过程中,金融机构如何更有效地嵌入供应链网络,与供应链经营企业相结合,实现有效的供应链资金运行,同时又能合理地控制风险,成为供应链金融的关键问题。

二、供应链金融生态的参与者

供应链金融关注的是供应链的不同参与方,这就使得供应链金融不仅包括协作各方,还包括组织部门及事业单位。在供应链协作中,不再有同质性的群体。不同的群体对风险和回报有着不同的偏好。换句话说,需要考虑不同实体间的利益均衡。不同的协作伙伴在法律上是独立的实体,因而它们只对自己的行为负责。也正因为如此,需要证明供应链金融对于每一个特定成员或事业单位都是有益的。具体讲,供应链金融的生态系统可以划分为宏观、中观、微观三个层面,这三个层面的参与者相互影响、相互作用,共同构成了生态系统。

(一)宏观层面的环境影响者

宏观层面的环境影响者不是具体指向某个特定的活动主体,而是建构环境或推动环境发展的个体或组织。宏观层面的环境包括了两类。

一是制度环境。供应链金融生态环境中最重要的是法律环境,而法律环境的核心功能在于如何提供对信贷人权利的良好保护。从法律的角度看,供应链金融涉及动产质押及应收账款担保等活动,涉及的法律法规主要包括:《物权法》《担保法》及担保法司法解释、《合同法》《动产抵押登记办法》和《应收账款质押登记办法》等。金融生态环境还涉及诚信体系、银行监管和金融电子系统等多方面的建设,这些规范性的制度同样决定了供应链金融的发展程度。

二是技术环境。既包括供应链金融技术,即各种创新性的金融产品和运作技术,也包括电子信息技术。从某种意义上讲,供应链金融的发展依托完善、发达的电子化的信息技术:一方面,这种信息技术帮助供应链金融的各方参与者及时掌握供应链运行的状态、资金运行的效率以及不同阶段存在的风险及其程度;另一方面,信息化的手段本身就是供应链金融的主要内容,诸如电子化的票据等。因此,这些环境的创造者或服务提供者也是供应链金融的参与者。

(二)中观层面的机构参与者

供应链中中观层面的机构参与者被定义为法律及经济上互相独立的组织,这些组织协同参与了供应链金融运行的整个过程。

供应链的活动通常发生在实业或商业企业之间,以及承运商、供应商和顾客之间。供应商的物料、物品及服务需要承运商的流通加工。同时,生产企业生产原材料、物品,商业公司负责收购及分销这些产品至最终顾客。它们的顾客可以是其他的商业或实业公司,也可以是最终消费者。物流服务提供商(logistics service providers,LSP)是供应链中涉及的另一类机构。只有当它们为一家或者多家供应链成员提供服务时,才被看作真正的链上成员。过去,LSP为顾客及供应商提供运输及仓储服务,而今物流服务产业正在经历巨大的变化,服务的范围也拓展了许多。由于企业越来越专注于自身的核心能力,物流服务提供的价值增加或者行政服务活动,如支付、售后服务等也变得越来越重要。

在供应链金融背景下,供应链的参与者除了包括上述单纯供应链的参与主体之外,还扩展到了金融机构,即特定的金融服务商、商业银行及投资者。狭义来看,金融服务提供商是所有致力于为其他机构的投资及财务需求提供金融支持的机构。广义看来,金融服务商包括所有有结算合同的机构,而非必须是链上的契约方。这就囊括了金融服务商、银行或者保险公司的资本投资、证券投资或者风险管理。

(三)微观机构参与者

如前所述,供应链上的宏观机构参与者有着不同的组织及流程,因而供应链上运营及财务处理过程中所涉及的微观机构将会出现在不同组织中。不仅是企业内部,企业外部与供应链其他成员的交接处也因此处于动态变化之中。通常来说,微观机构参与者包括运营活动所涉及的所有部门(例如,采购、生产、分销及物流单位)。在供应链金融背景下,所有处理资金和财务活动的部门也都囊括了进来。当做出有关投资、会计、财务的决策时,会计部门、控制部门及财务部门也需要被考虑进来。

微观机构的主要职责是处理接口事宜。问题在于哪一级的哪一个部门该负责供应链金融的相应决策及相关任务。供应链管理旨在通过整合创造价值的流程来优化资金、物料及信息的流动。因此,供应链金融关注管理物流过程中引发的金融职能。供应链金融试图通过协调参与者之间的联合活动来将此想法付诸实践。

第二节　供应链金融的基本范式

一、应收账款融资

随着赊销成为最主要的销售方式,供应链上游的企业普遍承受着现金流紧张所带来的压力。为了确保生产运营的持续性,供应链上游企业需要找到较为便捷的资金来源。

供应链应收账款融资模式是指企业为取得运营资金,以卖方与买方签订真实贸易合同产生的应收账款为基础,为卖方提供的,并以合同项下的应收账款作为还款来源的融资业务。供应商首先与供应链下游达成交易,下游厂商发出应收账款单据。供应商将应收账款单据转让给金融机构,同时供应链下游厂商也对金融机构做出付款承诺。金融机构此时给供应商提供信用贷款,缓解供应商的资金流压力。一段时间后,当下游厂商销货得到资金之后再将应付账款支付给金融机构。应收账款融资的主要方式有:

(一)保理

保理业务主要是为以赊销方式进行销售的企业设计的一种综合性金融服务,是一种通过收购企业应收账款为企业融资并提供其他相关服务的金融业务或产品。保理的一般做法是,保理商从其客户(供应商或卖方)的手中买入通常以发票形式表示的对债务人(买方)的应收账款,同时根据客户需要提供与此相关的单项或多项服务,包括债款回收、销售分户账管理、信用销售控制以及坏账担保等。对于客户而言,转让应收账款可以获得销售回款的提前实现,加速流动资金的周转。此外,卖方也无须提供其他质押物和担保,对卖方来说压力较小。

保理业务有多种分类。根据供应商是否会将应收账款转让行为通知买方,可分为明保理和暗保理。按有无第三方担保,可分为有担保的保理和无担保的保理。按有无追索权,可分为有追索权保理和无追索权保理。其中无追索权的保理又称买断保理,是指企业将其贸易型应收账款,通过无追索权形式出售给专业保理商或银行等金融机构,从而获得一种短期融资。有追索权的保理又称回购保理,是指到期应收账款收不回时,保理商保留对企业的追索权,出售应收账款的企业要承担相应的坏账损失。因此在会计处理上,有追索权保理视同以应收账款作担保的短期借款。

保理业务的一般操作流程是:保理商首先与其客户即商品销售行为中的卖方签订一个保理协议。一般卖方需将所有通过赊销(期限一般在90天以内,最长可达180天)而产生的合格的应收账款出售给保理商。签订协议之后,对于无追索权的保理,保理商首先需要对与卖方有业务往来的买方进行资信评估,并给每一个买方核定一个信用额度。对这部分应收账款,在买方无能力付款时,保理商对卖方没有追索权。而对于有追索权的保理,当买方无力付款时,保理商将向卖方追索,收回向其提供的融资。

(二)保理池融资

保理池融资指将一个或多个具有不同买方、不同期限、不同金额的应收账款全部一次性转让给保理商或银行,保理商和银行根据累计的应收账款给予融资。对供应商来说,该服务能够充分挖掘零散应收账款的融资能力,同时免去了多次保理服务的手续,提高了融资效率。但保理池融资对保理商或银行的风险控制能力提出了很高的要求。如果不能充分掌控每笔应收账款的交易细节,很容易出现坏账风险。保理池模式通过多个买方的应收账款来降低单一买方还款风险。由于买方分散,不易同时发生不还款的情况,可借此避免供应商在贸易流程中出现诚信风险。

(三)反向保理

反向保理也称为逆保理,主要适用于与焦点企业有大量稳定贸易往来的小微企业以及客户信用评级比较高的小微企业。通俗地讲,反向保理就是银行与焦点企业之间达成的,为焦点企业的上游供应商提供的一揽子融资、结算解决方案,这些解决方案所针对的是焦点企业与其上游供应商之间因贸易关系产生的应收账款。即焦点企业具有较强的资信实力及付款能力,无论任何供应商保有该焦点企业的应收账款,只要取得焦点企业的确认,就都可以转让给银行以取得融资。其实质就是银行对高质量买家的应付账款进行买断。反向保理与普通保理的根本区别在于:①保理商是对作为供应链焦点企业的买家进行风险的评估,而不是对供应商进行信用评估;②由于对买家比较了解,保理商可以选择买家同意支付的应收账款进行融资,降低了整体风险。

(四)票据池授信

供应链金融中的票据主要指的是商业票据。根据深圳发展银行与中欧工商管理学院供应链金融课题组(2009)共同做出的定义,票据池业务是银行或其他金融机构向企业提供包括票据管理、托收、授信等在内的一系列结算与融资服务。其中票据池授信是指企业将收到的票据进行质押或直接转让后,纳入银行授信的资产支持池,银行以票据池为限向企业授信。票据供应商通过银行的票据池业务,减少了自身票据管理的工作量,并能实现票据拆分、票据合并等效果,解决了票据收付过程中期限和金额不匹配的问题。

二、库存融资

库存融资又被称为存货融资。库存融资与应收账款融资在西方统称为 ARIF (accounts receivable and inventory financing),是以资产控制为基础的商业贷款的基础。从实践角度出发,目前我国库存融资的形态主要分为以下几类:

(一)静态抵质押授信

静态抵质押授信是指客户以自有或第三人合法拥有的动产为抵质押的授信业务。银行委托第三方物流公司对客户提供的抵质押的商品实行监管,抵质押物不允许以货易货,客户必须打款赎货。静态抵质押授信适用于除了存货以外没有其他合适的抵质押物的客户,而且客户的购销模式为批量进货、分次销售。静态抵质押授信是货押业务中对客户要求较苛刻的一种,更多地适用于贸易型客户。利用该产品,客户得以将原本积压在存货上的资金盘活,扩大经营规模。同时,该产品的保证金派生效应最为明显,因为只允许保证金赎货,不允许以货易货,故赎货后所释放的授信敞口可被重新使用。

(二)动态抵质押授信

动态抵质押授信是延伸产品。银行对于客户抵质押的商品价值设定最低限额,允许在限额以上的商品出库,客户可以以货易货。这适用于库存稳定、货物品类较为一致、抵质押物的价值核定较为容易的客户。同时,对于一些客户的存货进出频繁,难以采用静态抵质押授信的情况,也可运用该产品。对于客户而言,由于可以以货易货,因此抵质押设定对于生产经营活动的影响相对较小。特别对于库存稳定的客户而言,在合理设定抵质押价值底线的前提下,授信期间几乎无须启动追加保证金赎货的流程,因此对盘活存货的作用非常明显。对银行而言,该产品的保证金效应相对小于静态抵质押授信,但是操作成本明显小于后者。因为以货易货的操作可以授权第三方物流企业进行。

(三)仓单质押授信

按照平安银行的划分,仓单质押可以分为标准仓单质押授信和普通仓单质押授信,其区别在于质押物是否为期货交割仓单。标准仓单质押授信是指客户以自有或第三人合法拥有的标准仓单为质押的授信业务。标准仓单是指符合交易所统一要求的、由指定交割仓库在完成入库商品验收、确认合格后,签发给货主用于提取商品的,并经交易所注册生效的标准化提货凭证。标准仓单质押适用于通过期货交易市场进行采购或销售的客户以及通过期货交易市场套期保值、规避经营风险的客户。对于客户而言,相比动产抵质押,标准仓单质押手续简便、成本较低。对银行而言,成本和风险都较低。此外,由于标准仓单的流动性很强,这也有利于银行在客户违约情况下对质押物的处置。

普通仓单质押授信是指客户提供由仓库或其他第三方物流公司提供的非期货交割用仓单作为质押物,并对仓单做出质背书银行提供融资的一种银行产品鉴于仓单的有价证券性质,出具仓单的仓库或第三方物流公司需要具有很高的资质。

三、预付款融资

预付款融资模式是指在上游企业承诺回购的前提下,由第三方物流企业提供信用担保,中小企业以金融机构指定仓库的既定仓单向银行等金融机构申请质押贷款来缓解预付货款压力,同时由金融机构控制其提货权的融资业务。在此过程中,中小企业、焦点企业、物流企业以及银行共同签署应付账款融资业务合作协议书,银行为融资企业开出银行承兑汇票为其融资,作为银行还款来源的保障,最后购买方直接将货款支付给银行。这种融资多用于企业的采购阶段。预付款融资可以理解为"未来存货的融资",预付款融资的担保基础是预付款项下客户对供应商的提货权,或提货权实现后通过发货、运输等环节形成的在途存货和库存存货。当货物到达后,融资企业可以向银行申请将到达的货物进一步转化为存货融资,从而实现融资的"无缝连接"。

预付款融资的主要类型可以归纳为如下几种:

(1)先票/款后货授信。先票/款后货是存货融资的进一步发展,它是指客户(买方)从银行取得授信,在交纳一定比例保证金的前提下,向卖方议付全额货款;卖方按照购销合同以及合作协议书的约定发运货物,货物到达后设定抵质押作为银行授信的担保。

(2)担保提货(保兑仓)授信。担保提货是先票/款后货授信产品的变种,即在客户(买方)交纳一定保证金的前提下,银行贷出全额货款供客户向焦点企业(卖方)采购用于授信的抵质押物。随后,客户分次向银行提交提货保证金,银行再分次通知卖方向客户发货。卖方就发货不足部分的价值向银行承担退款责任。该产品又被称为卖方担保买方信贷模式,担保提货适用于一些特殊的贸易背景,比如客户为了取得大批量采购的折扣,采取一次性付款方式,而厂家因为排产问题无法一次性发货。或者客户在淡季向上游打款,提供上游生产所需的流动资金,并锁定优惠的价格,然后在旺季分次提货用于销售。保兑仓融资模式的提出同样主要是针对商品采购阶段的资金短缺问题。

(3)进口信用证项下未来货权质押授信。进口信用证项下未来货权质押授信,是指进口商(客户)根据授信审批规定交纳一定比例的保证金后,银行为进口商开出信用证,并通过控制信用证项下单据所代表的货权来控制还款来源的一种授信方式。货物到港后可以转换为存货抵质押授信,该产品特别适用于进口大宗商品的企业、购销渠道稳定的专业进口外贸公司,以及需要扩大财务杠杆效应、降低担保抵押成本的进口企业。

(4)国内信用证。国内信用证业务是指在国内企业之间的商品交易中,银行依照买方(客户)的申请开出的凭符合信用证条款的单据支付货款的付款承诺,国内信用证可以解决客户与陌生交易者之间的信用风险问题。它以银行信用弥补了商业信用的不足,规避了传统人民币结算业务中的诸多风险。同时,信用证也没有签发银行承兑汇票时所设的金额限制,使交易更具弹性,手续更简便。此外,客户还可以利用在开证银行的授信额度开立延期付款信用来提取货物,用销售收入来支付国内信用证款项不占用自有资金,优化了资金使用效率。卖方按规定发货后,其应收账款就具备了银行信用的保障,能够杜绝拖欠及坏账。对于银行而言,国内信用证相比于先票/款后货授信以及担保提货授信,规避了卖方的信用风险,对货权的控制更为有效。同时,银行还能够获得信用证相关的中间业务收入。

国内信用证项下打包贷款指银行应卖方(国内信用证受益人)的申请,以其收到的信用证项下的预期销货款作为还款来源,为解决卖方在货物发运前,因支付采购款、组织生产、货物运输等资金需要而向其发放的短期贷款。国内信用证为不可撤销、不可转让的跟单信用证。打包贷款额度一般不超过信用证额度的80%。

(5)附保贴函的商业承兑汇票。附保贴函的商业承兑汇票实际上是种授信的使用方式。但是在实践中,由于票据当事人在法律上存在的票据责任,构成了贸易结算双方简约而有效的连带担保关系,因此可以作为独立的融资形态存在。该产品对交易双方的利益在于:①免除了手续费,且贴现利率一般而言低于贷款,因此融资成本较低。②由于银行保贴函的存在,对出票方形成了信用增级。③不用签署担保合同等其他文件,使用简便。对银行来说,一方面可以控制资金流向,另一方面票据责任形成了隐形连带担保,从而降低了操作风险和操作成本。

可以从两个层面来理解附保贴函的商业承兑汇票的产品特性:当银行授信给出票人

时,是一种预付款融资;当银行授信给收票人时,即给予一个贴现额度,则是一种应收账款融资,即票据化保理。

 章节案例讨论 --

普洛斯金融模式

普洛斯在提供仓储服务过程中,看到了很多中小企业的融资需求。本着全方位服务于仓储物流体系中的中小企业的思路,普洛斯成立了普洛斯金融,进军供应链金融领域。

客户的融资痛点

在普洛斯产业场景中的各个主要节点,都存在各种各样的融资痛点。

首先是物流服务端上的物流服务提供商。根据智研咨询发布的《2018—2024年中国物流行业深度调研及投资前景预测报告》,2017年我国的物流成本占GDP比重的14.7%,而发达国家的物流成本占GDP的比重是6%～8%,说明中国的运输成本相对较高,物流服务行业有很大的市场空间。

当前的物流服务提供商主要分为三大类:运输服务型、仓储服务型以及互联网平台。运输服务型企业的主要收入来源为运费,运费的账期为十几天到一年不等;支出主要项目为车辆等承运设备、路费、油费以及司机的工资。运输服务型企业的收入存在账期,但同时支出要实时支付,收入账期与实时支出的错配造成了运输服务型企业现金流紧张的状况。而仓储服务型企业主要收入来源于服务费,支出项目包括仓租、货架等设备购买维护的固定成本,以及由仓库运作过程中与进出库有关的变动成本。服务费结算清分周期长,但仓租等成本的支出是实时的,仓储服务型企业同样面对现金流紧张的局面,存在获取融资的需求。互联网平台聚合并协调行业内的信息资源和实物资源,使物流企业能更透明地获取信息,更有效率地调配资源。互联网平台的收入主要来源于产业链中企业支付平台相关服务费,以及有关技术支持的费用。互联网平台需要提供多样化服务来增强客户黏性,并与金融机构深度合作增强产业链金融赋能。

第二是品牌端,尤其是在行业中具有成长性的品牌商企业。这些品牌商在市场上能够生产优质产品,具有一定的竞争力。其收入主要来源于对货款回收、资金的回笼。支出则主要来源于购买原材料,扩建生产线(包括建设生产基地,购置设备等),人员工资等。对于具有成长性的品牌商,为扩大业务范围和市场规模,需要投入大量资金实现战略,其同样存在迫切的融资需求。

第三是零售端垂直方向的零售商。无论是线上还是线下零售商,其主要支出是消费端的服务和设施费(线上系统、App开发维护等;线下门店相关运营费用等)以及产成品的购入成本等,收入主要来源为销售收入。一般零售端的收入均采用现金结算的方式。而在某些专属行业、一些B2B的零售端或者一些地区的小霸王企业,他们运营得非常好,需要扩张、升级,但是他们的融资渠道并没有那么畅通,也存在融资需求。

第四是流通端,即连接品牌商和零售商的贸易商。贸易商是商品流动的主力军,也是物流运输服务的主要客户群。当前，贸易商的主要收入来源于贸易差价。但他们需要同时面对来自品牌商的囤货压力，以及来自零售商的应收账款回款压力，同样是融资需求旺盛的一个重要主体。

打造基于产业背景的供应链金融生态

普洛斯金融运用大数据、物联网、区块链等技术手段，搭建底层科技平台，实现多维度信息验真。同时依托普洛斯的产业背景，深入采购、生产、仓储、配送、销售等各个环节，针对不同的行业、场景、客户群开展业务，打造包括代采、设备租赁、货押融资、运费垫付、应收账款保理等在内的各类供应链金融产品。一方面为金融机构提供真实有效的数据和优质的资产，另一方面为中小企业源源不断地提供低成本资金。在提升风控管理水平的同时有效地提升了供应链黏性，形成良性的供应链金融生态。

具体来讲，普洛斯金融针对四个场景设计并提供不同的产品和运营模式，并结合普洛斯的产业背景，在园区赋能的同时提供金融赋能。

第一个场景为物流运输场景，普洛斯金融打造了"普运贷"产品，基于上游货主与承运商之间的真实运单数据，为物流运输企业提供高效、便捷的运费融资服务，可垫付的运费成本项涵盖加油费、过路费、外包运力费、保险费等，并支持公路、铁路、海运、空运等多式联运，帮助物流运输企业盘活流动资金，让下游车队与司机能够及时承运并交付货物。

"普运贷"产品的创新之举在于，可根据已完成的运单进行前置放款，即物流企业将货物运抵目的地后，可直接申请线上提款，无须对账、开发票等环节，款项当天就能到账，融资效率远超市场上的同类产品。

在风控逻辑上，"普运贷"通过多方数据对每张运单的业务真实性进行交叉验证。比如，从交通运输部、第三方平台等合作方获取数据，来校验每一张运单是否真实，以此识别业务真实性。

除了运费垫付服务外，普洛斯金融还能为有车且需要购买车辆商业险的企业，提供车险保费分期服务，企业可自由选择险种、保险公司、代理人等保险要素，手续简便灵活。

第二个场景为物流仓储场景，普洛斯金融开发了"普易租"这款标准化融资租赁产品，租赁标的物为物流仓储行业中的装备，例如商用车、仓储内的物流装备，包括分拣线、货架、托盘、叉车等，这些都是物流场景中的独特需求，但是传统融资租赁公司很难进行标准化的资产。其中，"普易租"的干改冷服务已经非常成熟，企业可利用现有的冷库设备进行融资，盘活固定资产，扩大经营规模。

第三个场景为货物融资场景，普洛斯在中国有将近400个园区，园区租户涉及物流、零售、电商等众多类型行业，仓库内的货物价值在万亿以上。基于普洛斯生态体系内丰富的货物资源，普洛斯金融打造了"普货贷"产品，以其监管库内的商品（货物）作为质押物，向品牌商、贸易商、经销商等货主提供货物融资服务，满足其短、中期经营周转的资金需求。

基于以往货押产品的经验，普洛斯金融对货押融资业务规范以及业务流程进行了标准化。与"普货贷"产品配套形成的还有金融监管仓库体系标准，引导行业在货押融资业务领域更加健康的发展。

第四个场景为贸易代采场景,普洛斯金融针对食品冷链中贸易规模较大的牛羊猪肉冻品开发了"普链采"产品,借助核心企业和核心平台的数据,对食品冷链贸易链条的商流和物流进行把控,为贸易商、加工商、连锁餐饮等企业提供金融服务支持。经过长时间的摸索,"普链采"形成了标准的操作流程,可以服务的品类已经从冻品拓宽至酒水饮料、大宗农产品、乳制品、日化用品、数码家电等 5 大类近百种商品。

上述普洛斯金融的供应链金融产品基本覆盖了从生产端到消费端的每个环节,在多个领域中满足了各类供应链主体对融资的需求,实现了金融赋能供应链的作用。

资料来源:宋华,伊志宏,张霞,陶铮,窦彦红.普洛斯金融:"场景+技术+金融"赋能中小企业〔EB/OL〕.(2020-10-13)〔2023-6-12〕.http://www.cmcc-dlut.cn/Cases/Detail/4708.

思考:普洛斯的产业场景中的各个主要节点,都存在什么样的融资痛点? 普洛斯金融设计了哪些产品来解决这些融资痛点?

思考与练习

1.如何理解供应链金融的含义?
2.举例说明供应链金融生态的参与者有哪些。

参考文献

[1] 陈祥锋,朱道立.现代物流金融服务创新——金融物流[J].物流技术,2005(3):4-7.

[2] FERGUSON R J,PAULIN M,BERGERON J. Contractual Governance Relational Governance, and the Performance of Interfirm Service Exchanges:The Influence of Boundary-spanner Closeness[J]. Journal of the Academy of Marketing Science,2005,33 (2):217-234.

[3] 李毅学,汪寿阳,冯耕中.一个新的学科方向——物流金融的实践发展与理论综述 [J].系统工程理论与实践,2010,30(1):1-13.

[4] 鲁其辉,曾利飞,周伟华.供应链应收账款融资的决策分析与价值研究[J].管理科学学报,2012,15(5):10-18.

[5] POPPO L,ZENGER T. Do Formal Contracts and Relational Governance Function as Substitutes or Complements? [J]. Strategic Management Journal,2002,23(8):707-725.

[6] 宋华.供应链金融[M].北京:中国人民大学出版社,2016.

[7] 杨绍辉.从商业银行的业务模式看供应链融资服务[J].物流技术,2005(10):179-182.

CHAPTER (12)

第
十
二
章

智
慧
供
应
链

学习目标：

(1)了解智慧供应链概念及特点；

(2)认识智慧供应链的关键要素和技术；

(3)了解智慧供应链的六大运营目标。

知识目标：

(1)掌握智慧供应链的特征；

(2)掌握智慧供应链的结构及关键支撑技术；

(3)掌握智慧供应链的运营目标及实现各目标的具体做法。

能力目标：

(1)理解并掌握智慧供应链关键技术；

(2)在实际应用场景中应用供应链关键技术；

(3)明确智慧供应链的实现价值。

素养目标：

通过了解智慧供应链运营目标，帮助学生对企业目标有初步的判断，对实现企业目标提供若干思路和见解。

知识结构思维导图

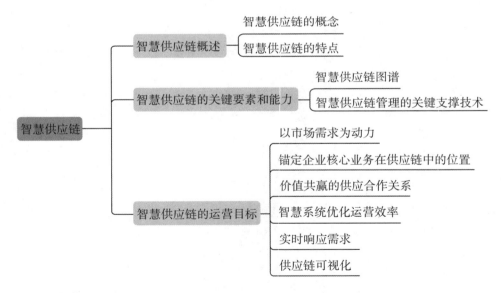

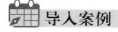**导入案例** ---

供应链变革之路

得体科技打造的得体供应链是平台赋能企业的 S2B(Supply chain platform to Business)商业模式的典型代表。得体供应链提供服装供应链整合服务,为品牌商、分销商提供基于设计师原创设计的产品进行 OEM 和 ODM 产品的生产和组织交付。

得体供应链平台的背后是一个开放的 SaaS 平台,服装行业生产链条上的所有角色,包括品牌商、分销商、设计师、样板房、面料商、辅料商、生产厂、物流商、金融服务机构等等,能够借助这一平台完成自身角色的扮演。借助这一平台,得体供应链整合了服装行业供应链上的所有角色,为服装行业全环节的各类用户提供一体化的完备服务,包括设计图稿优选、版样出图、打版打样、选版下订单、生产分包、流程管理、质量和流程监督、收货验货、财务结算等服装行业的服务。

得体科技利用一个一体化的 IT 系统,面向服装生产链条全客户打造了一个开放共享的平台,单个企业可以将财务、业务、客服等系统数据整合在一起,提高公司运营效率,对于整个服装行业来说,设计师、供应商、面料商、生产方等角色在一个平台上完成对接,缩短了业务流程周期,减少了信息损耗,同时也降低了经营成本。

得体供应链平台的 SaaS 平台实现了订单、供需、供方与需方的背景、生产数据等各种信息的汇集和流转,增强了行业透明度,促进行业良性发展。得体科技的线上交易平台,有服务人员进行流程监管,为客户降低线下的沟通成本。

资料来源:智慧供应链——智能化时代的供应链变革之路[EB/OL].(2021-09-10)[2023-06-11].http://strategy-sight.com/nd.jsp? id=136.

思考:得体科技打造的得体供应链平台对服装生产链条上的角色有何帮助?

第一节　智慧供应链概述

一、智慧供应链的概念

"智慧供应链"的概念由复旦大学的罗钢博士于 2009 年首先提出。它是一种结合了物联网技术,现代供应链管理理论、方法和技术,在企业以及企业间构建的,能够实现供应链智能化、网络化和自动化的技术与管理综合集成系统。

供应链的发展历程基本上可以分为五个阶段:初级供应链、响应型供应链、可靠供应链、柔性供应链和智慧供应链。近几年,随着新一代信息技术的广泛采用,尤其是互联网、人工智能、工业机器人、云计算等新一代信息技术迅速发展,商流、信息流、资金流和物流等"四流"得以高效连接。同时,在"工业4.0"以及"中国制造2025"浪潮的推动下,整个制造业供应链正在朝着更加智慧的方向迈进,成为制造企业实现智能制造的重要引擎,支撑企业打造核心竞争力。在智慧供应链的支持下,智慧供应链与生产制造企业的生产系统相连接,通过供应链服务提供智能虚拟仓库和精准物流配送,生产企业可以专注于制造,不再需要实体仓库,这将从根本上改变制造业的运作流程,提高管理和生产效率。在智能制造环境下,打造智慧、高效的供应链,是制造企业在市场竞争中获得优势的关键。

智慧供应链对智能制造的支撑作用主要体现在研发管理、生产管理、库存管理以及采购管理等方面,可以全方位帮助企业提升快速响应订单的能力。在产品研发管理上,可以帮助企业协同产品开发体系,让顾客参与产品开发过程;在需求与计划管理上,可以帮助企业智能地进行需求预测和制订计划;通过建立智能化的采购平台,可以帮助企业实现数字化、智能化物料采购,优化流程,提升效率,降低成本,比如德国凯撒空压机公司通过部署 SAP Ariba 采购解决方案,将所有采购相关业务集中到系统中,实现了供应商信息和合同的集中管理,节省了30%的成本,并保持灵活性,实现了透明化运营;而智能化的生产与调度能够帮助企业快速、合理地排产并对生产进度进行有效控制;智能化的仓储管理系统能够快速对物料进行智能识别、定位、分拣、配送,帮助企业减少库存,降低运营成本。最后,智慧供应链离不开物流与信息流的协同互动,供应链计划形成的信息流和供应链执行形成的实物流共同构成了智慧供应链的价值流,建立智能化的物流系统将打通供应链上下游企业,真正提升企业运营效率。

2017年10月,国务院办公厅印发的《关于积极推进供应链创新与应用的指导意见》指出,供应链是以客户需求为导向,以提高质量和效率为目标,以整合资源为手段,实现产品设计、采购、生产、销售及服务全过程高效协同的组织形态。到2020年要形成一批适合我国国情的供应链发展新技术和新模式,基本形成覆盖我国重点产业的智慧供应链体系,中国成为全球供应链创新与应用的重要中心。由此,有关智慧供应链的政策风口正式形成。

二、智慧供应链的特点

相对于传统供应链,智慧供应链具有更多的市场要素、技术要素和服务要素。通常,智慧供应链应具有如下特点。

(一)技术渗透性更强

强调对客户需求的全过程精准分析与有效管理。在智慧供应链环境下,管理和运营者会系统、主动地吸收包括物联网、互联网、大数据、人工智能在内的各种现代技术,依靠这些技术对客户需求进行精准分析,并主动调整管理过程以适应引入新技术带来的变化。

事实上,大多数供应链都能做到超越客户需求,但问题的关键在于"客户需求"是什么。普通供应链主要与客户互动,进而提供及时、准确的交付品,而智慧供应链则在整个产品生命周期(从产品研发、日常使用到产品寿命结束)都与客户紧密联系。通过大量先进技术的使用,智慧供应链可以从源头获取需求信息,例如,从货架上抬起的货物、从仓库里运出的产品或显露磨损迹象的关键部件。智慧供应链还使用其智能来洞察与众不同之处,感知和预测用户需求、习惯、兴趣,经过深入分析,进行详细的客户画像与分类,并为其量身定做产品,同时指导产业链上游的采购、制造、定价、库存以及下游的销售、促销、仓储、物流和配送。

并且,企业也会更多地邀请客户进行体验式的开发、测试客户要求,进行符合客户个性化的产品和服务模式整合,以保证该产品或服务对于客户的"黏性",从而反过来促进产品和服务的迭代升级。实际上,每次互动都是轻松与客户合作的机会,供应链也就能进行自我反馈、自我补偿,从而智能化迭代升级。

(二)可视化、移动化特征更明显

管理者们都希望了解其供应链的各个环节,包括即将离港的货物情况、签约制造商组装线上正在生产的每个部件、销售中心或客户库房中正在卸载的每个货盘,等等。相较于传统供应链,智慧供应链更倾向于使用可视化手段来表现数据,用移动互联网或物联网技术来收集或访问数据。这种无所不在的可视性并不需要供应链合作伙伴付出任何额外的努力。换句话说,有了这种可视性后,共享会变得更加容易。

这就意味着在智慧供应链中,对象(而不是人员)将承担更多的信息报告和共享工作。关键数据将来源于供应链所涉及的货车、码头、货架和部件及产品。这种可视性不仅可以用于实现更佳的规划,而且还可以从根本上实现实时执行。

这种可视性还可以扩展到供应链运营领域。智慧供应链可以监控土壤情况和降雨量,优化灌溉,监控交通情况,调整运货路线或交货方式,追踪金融市场和经济指标来预测劳动力、能源和消费者购买力的变化。

更值得一提的是,制约可视性的因素不再是信息太少,而是信息太多。然而,智慧的供应链可通过使用智能建模、分析和模拟功能来获知一切。

(三)协同、配合更高效,供应链链主更凸显

由于主动吸收物联网、互联网、大数据、人工智能等各种现代技术,智慧供应链更加注重供应链上各环节的协同和配合,及时地完成数据交换和共享,从而实现供应链的高效率。

在管理体系上,往往由一个物流服务总包商(lead logistics service provider,LLP)来向供应链链主(一般是货主)直接负责,利用强大的智慧型信息系统管理整个门到门的供应链运作,包括由一些物流分包商或不同运输模式的承运人所负责的各个物流环节。

(四)更加强调以制造企业为切入点的平台功能

智慧供应链作为集成智能制造工厂规划设计各种功能的基础平台,其功能不再是单一维度,而是具有立体性,涉及产品生命周期、市场、供应商、工厂建筑、流程、信息等多个维度和要素。

智能制造企业供应链不再是以某个单一功能实现为目标的暂时性项目,而是打造制造企业服务能力的综合系统,使企业具有"聚核"功能,从而提升核心竞争能力。该平台不但需要有良好的智能供应链基础,更需要有良好的智能化信息平台。

未来,智慧供应链将更加强调以制造企业为切入点的平台功能,重视基于全价值链的精益制造,从精益生产开始,到精益物流、精益采购、精益配送,实现全方位的精益管理。智慧供应链不再是企业的某个人或者某个部门在思考,而是整条供应链在思考。

因此,如果没有良好的智慧供应链基础,那么制造智能化基础也就变得零碎,不成系统,再好的智能产品也都可能变成"僵尸机器人";而失去动态供应链全过程实时智能化监控的智能制造,也仅仅是解决了看得见的智能化,没有解决逻辑的智能化,于是供应链还是无法思考(对于过程中数据差异的自反馈、自补偿、自优化);进一步地,如果没有智能化的供应链引导,智能制造仅仅是生产模式的转变,无法形成商业模式的创新和升级。

第二节　智慧供应链的关键要素和能力

一、智慧供应链图谱

罗戈研究院在 2017 年提出了智慧供应链图谱,根据管理层级将智慧供应链自上而下分为三个部分,包括智慧化平台(决策层)、数字化运营(管理层)、自动化作业(作业层)。如果把智慧供应链比作人,那么智慧化平台是"大脑",数字化运营是"中枢",而自动化作业则是"四肢"。

(一)决策层

在供应链的决策层,主要包括预测与计划、供应链产销协同和控制塔,以及对这些决策功能支撑的大数据、云端和算法的优化。此外,与传统供应链主要依靠 ERP 总揽各项业务不同,智慧供应链正在开启全新的"大中台"概念。通过供应链中台,实现多资源组织和全生态管控与优化,以满足供应链整体的信息化、系统化、互联网化的发展需求。

智慧供应链利用智慧化平台去计算、思考、决策,通过数字化运营平台评估供应商供货量、供货价格、仓储量、入仓位置,并对用户喜好、需求数量等做出精准预测,从而指导企业经营以及仓储、运输等自动化作业。

(二)管理层

这一层是系统管理层面。通过管理系统来连接作业层,支持决策层。从管理层次上讲,这个系统层面基本上更偏于供应链执行,即更多关注物流和运营,包含车辆管理、运输管理、过程管理和仓储管理,未来会更多地涉及物联网。

(三)作业层

底层主要是仓储作业和运输作业。基于不同的仓储配送需求,其涉及的内容和模式也各不相同。以零售为例,在典型的 B2C 电商这个领域,有快递公司和仓配公司,仓的布局主要是贴近消费端。面向新零售,则需要线上线下融合的仓店一体。门店既是仓,同时也越来越成为崭新的机会点。对于 B2B,仓的体系包括流通端的仓库分布与前置仓、门店仓,随着前置仓密度的提高,产地仓将会是新的机会点。

二、智慧供应链管理的关键支撑技术

随着互联网、物联网、云计算、大数据等技术的飞速发展,新的技术为实现智慧供应链管理提供了清晰的思路,从而推动供应链管理逐渐向可视化、智能化、自动化、集成化和云化的方向发展。

通常在供应链中会用到以下技术:①数据技术,包括数据收集、存储以及分析技术;②人工智能技术,包括机器学习技术、算法技术;③数学应用技术,包括运筹学与统计学;④信息技术,包括信息传输、网络通信技术;⑤流程管理技术,包括 JIT、TOC、BPR 等。

在智慧供应链时代,制造企业需要实现物流与信息流的统一,企业内部的采购、生产、销售流程都伴随着物料的流动,因此越来越多的制造企业开始重视物流自动化,自动化立体仓库、自动引导小车(AGV)、智能吊挂系统在制造企业得到了广泛的应用;而在仓储与配送环节,智能分拣系统、堆垛机器人、自动辊道系统日趋普及。WMS(warehouse management system,仓储管理系统)和 TMS(transport management system,运输管理系统)也受到普遍关注。

实现智慧供应链的关键技术还包括自动识别技术,例如 RFID 或条码、GIS/GPS 定位、电子商务、EDI(电子数据交换),以及供应链协同计划与优化技术等。

其中,EDI 技术是企业间信息集成(B2B integration)的必备手段。

EDI 技术最重要的价值,就是可以在供应链上下游企业之间,通过信息系统之间的通信,实现整个交易过程无须人工干预。历经多年发展,主流的 EDI 技术已经基于互联网来传输数据,而我国很多大型企业建立的供应商门户实际上只是一种 Web EDI,不能够与供应商的信息系统集成,供应商只能手工查询。

供应链协同计划与优化是智慧供应链最核心的技术,可以实现供应链同步化,真正消除供应链的牛鞭效应,帮助企业及时应对市场波动。虽然部分供应链已实现了信息的交互及业务上的协同,但是这种所谓的协同并没有智能的成分,仅仅提高了人为决策的同步性和反应性,还谈不上真正的智能。目前供应链决策层次的智能技术仍存在缺口,智能决策技术包括:智能需求预测技术(需要用到大数据挖掘、机器学习、神经网络等),智能供应链计划(生产与库存计划)决策(需要用到数学优化、智能算法技术、决策分析等技术),供应链运行智能预警监控技术(需要智能推理、专家系统和仿真技术等)。

第三节　智慧供应链的运营目标

智慧供应链的运营要有目标、有计划,要整合资源、提升市场竞争力,如此才能不断优化,更能满足市场需求。

一、以市场需求为动力

(一)以客户需求为核心

客户需求的不断升级是新零售时代的主要推动力量，也是供应链运营的原动力。在当今时代，产品不再由企业设计，而是由客户设计。各行各业都在努力挖掘客户需求，以客户需求为核心。

智慧供应链的运营必然要以客户为核心，以市场需求为原动力。基于丰富的客户消费数据，供应链运营可以对客户需求进行有效分析。但要注意的是，市场瞬息万变，用户的需求也随时改变。这就意味着我们的产品不能一成不变。在供应链运营中，很多企业却永远落后市场半拍。当然，企业也有苦衷："客户今天想吃粥，明天想吃肉包，等我改做肉包了，他们后天又想吃三明治了，我怎么办？"企业之所以会产生这种担忧，是因为他们并未正确认识到客户的需求。供应链运营在于满足客户的深层需求，而非表象。正如当福特询问用户想要怎样的交通工具，所有用户都回答"一匹更快的马"，而站在工业时代的起点上，福特给了他们一辆汽车。因此，在瞄准客户需求的同时，供应链运营要更加智慧，运用数据对客户的未来需求进行准确预测，而不只是发现客户过去的需求。只有如此，在新零售时代的快速发展中，供应链运营才能成为时代引领者，并找到新时代与旧产品的结合点，实现产品的"时代性"升级。毋庸置疑，智慧供应链管理的核心正是客户。

(二)智慧供应链管理的关键

智慧供应链管理的关键就是通过信息网络、组织网络，对生产及销售环节进行有效连接，并推动物流、信息流和资金流的合理流动，最终将合适的产品以合理的价格在恰当的时间推送到顾客手中。从某种意义上讲，智慧供应链管理的运营发展，其主要力量就是源自市场需求的拉动。在以客户为核心的市场现状下，供应链运营的出发点和落脚点都是为客户创造更多价值，从而激发市场需求、拉动供应链优化。

随着全球商业竞争的日趋激烈，现代商业环境给企业带来了巨大压力：企业不仅要生产和销售优质的产品，还要为客户提供满意的服务，从而建立市场竞争优势。正如"现代营销学之父"科特勒所说："顾客至上，没有他们，企业就不能生存。一切计划都必须围绕挽留顾客、满足顾客进行。"

二、锚定企业核心业务在供应链中的位置

(一)企业联盟

随着信息时代的到来，在全球化竞争的环境下，无论是跨国企业还是中小企业，都要面对复杂多变的市场竞争环境。此时，任何企业都不可能成为市场竞争中的"孤胆英雄"。企业既无法独自应对来自多环节的市场竞争，也难以对市场需求实现快速响应。在新零售时代，市场考验的并非企业自身的"手腕"，而是企业"打群架"的能力。

所谓"打群架"，就是企业与供应链上下游企业结成联盟，通过整合实现共赢。智慧供应链管理的意义就在于打破传统供应链企业的边界，将供应链上的信息孤岛连为一体，结

成完整的业务网络,以获取更快的响应速度、更准确的预判能力、更强的风险抵御能力,从而以最小成本在最大限度上满足客户需求。在上述市场背景下,随着智慧供应链管理理念的发展,供应链组织的概念也应运而生。供应链组织是供应链管理和精益供应链管理中的重要概念,其关键内涵就在于锚定企业核心业务在供应链中的位置。

(二)供应链业务流程

由于技术、市场、人员、管理等因素处于不断变化之中,因此,供应链业务流程也并非一成不变的,企业要根据各项因素的变化进行判断和分析,并适时对供应链业务流程进行重组。供应链业务流程的设计和重组其实也是供应链价值增值的焦点环节。为了确保业务流程的先进性,并持续提升供应链的运营效率,供应链管理就要借助信息网络技术,深耕采购、物流、产品设计开发、生产、配送与销售等各个环节。在这个过程中,供应链的每个成员都应当锚定企业的核心业务在供应链中的位置,在竭力提升自身核心竞争力的同时,与其他成员建立协同合作机制,从而打破供应链业务流程中的壁垒,消除采购、研发、制造、销售等各环节的浪费活动,在全面协调与改善中为客户创造价值。

基于供应链组织的概念,企业在对供应链业务流程进行协调改善时,也不能只关注业务、流程、机制的改善,还要注重凝聚供应链管理文化,并以此形成供应链的无形资产和竞争优势。供应链企业的价值取向、素质和能力乃至责任履行和形象展示都直接关系到供应链业务运营的效果。因此,供应链组织必须明确自身的价值观、行为意向、激励等内容,并充分吸收参与企业的优秀文化,确保供应链管理文化与企业文化的协同性。

三、价值共赢的供应合作关系

实现价值共赢的基础就在于关系管理。只有在充分的沟通与协作中,企业才能实现供应链的价值整合,并借助供应链各环节能力的提升,推动整个供应链的系统改善和价值共赢。

因此,在智慧供应链运营中,供应链内部必须建立共担风险、共享利益的供应合作关系。

为了实现这一目标,供应链内的所有成员都应当主动参与到供应链的价值提升中,积极反馈并重视建议。一方面,企业内部应进行充分沟通,对合作方的能力进行全方位评估,并就发现的问题与合作方进行沟通。另一方面,企业也应重视合作方提出的建议,再进行充分调研,根据调研结果进行改善并向合作方说明。

具体而言,供应链各成员可以从这些角度着手。

(一)企业内部分析

1. 成本评估

企业物料部、技术部、采购部、仓储部等都应对产品的成本进行评估,成本评估越丰富,其最终的整体评估意见就越有参考价值。上述部门也应听取市场部的意见,对比其他公司的产品销售价格,找到成本控制的不足之处。

2. 成本评定

相关部门应将各个部门的信息进行汇总整理,制作完整的表格,做到分门别类评定。

如某一项成本明显过高,则应重点标识,待与合作方交流时进行重点分析。

3. 其他更新

根据合作方提供的建议在企业内部进行相应更新,如流程更新、设计更新等。听取合作方的意见,会让合作方提供的产品或服务发挥最大效能,最终实现供应链价值的提升。

(二)供应合作建议

相关部门在与合作方进行交流时,对其提供的建议应积极跟进。

1. 产品设计优化

一方面,企业相关部门要听取合作方的建议,针对产品设计进一步优化;另一方面,企业相关部门也要将企业的需求详细地告知合作方,并对设计进行一定改善,达到企业的要求。

2. 包装优化

企业与合作方应当针对包装进行优化,在利用包装保证产品数量和品质的同时,增强装卸效率、降低物流成本。此外,如果合作方提供的产品极具营销价值,则应在最终产品包装上做出明显标识,以吸引客户注意。

3. 质量改善

企业针对合作方编制的质量绩效报告,可将之完整交给合作方,让合作方看到哪些环节存在质量问题,从而进行有效改善。同时,企业也应当听取合作方的意见,对设计本身进行一定调整,进一步提升质量品质。

4. 物流与仓储优化

对大批量生产的企业来说,其必须与合作方交流物流和存储计划,尽可能地避免物料大量堆积、无法顺利交货。设计科学的物流与存储模式,不仅能够大大提升供应链效率,也能够让合作方的仓储压力大为减小,双方互利。

5. 程序优化

企业与合作方的对接程序应提前确认,避免双方的程序不同导致问题始终不能得到有效传递,绩效始终不能得到改善。

6. 生产工艺优化

及时与合作方交流行业目前的工艺发展新趋势,了解合作方是否有工艺优化的计划。

四、智慧系统优化运营效率

智慧系统往往能够协调多方资源,从各个层面优化选择,节省资源,提升效率。

(一)智慧供应链系统

智慧供应链的核心就在于智慧系统的应用,如 MES、WMS 等。

当然,智慧系统的应用和搭建同样需要投入大量成本。如果供应链上的各成员之间的智慧系统无法实现协同,投入的成本也无法发挥应有的效用。

在智慧供应链的智能整合中,供应链各成员经过调研分析、协商合作,搭建起覆盖供应链全流程的智慧系统,让智慧系统能够真正优化供应链运营效率。

(二)智慧供应链系统的 6 个特质

智慧供应链系统的特质如下。

1. 工具性

管理所需信息由系统自动产生或由感知设备采集,如 RFID 等。只有借助这些信息采集和通信工具,智慧系统才能拥有完善的决策依据数据。

2. 关联性

供应链内的各成员企业以及各部门、系统、业务都应处于高度关联中,从而形成相互关联、相互依存的智慧网络系统。

3. 智能化

让智慧系统参与甚至主导决策,从而优化决策过程、改善管理绩效。

4. 自动化

由自动化设备驱动业务流程,并取代低效率的其他手段,如人工操作等。

5. 整合性

支撑供应链各方参与者的协同合作,如联合决策、信息共享等。

6. 创新性

在智慧系统的迭代升级中,推动供应链运营的创新发展,以满足供应链价值诉求。

五、实时响应需求

有哪款产品在面世之后能一成不变,持续风靡数十年吗?答案是没有。

且不谈产品日新月异的互联网行业,即使在最传统的行业也没有这样的例子。如可口可乐这样的百年霸主也在不断推出新的口味,包装也在不断变化。在当今的市场竞争环境下,供应链如果希望只提供单一的产品或服务就能经久不衰,那无疑是一种奢望——因为同行在复制、市场在变化。

(一)实时响应需求

在日趋激烈的市场竞争中,落后一步就可能丧失所有优势,因为客户会投入竞争者的怀抱。供应链运营必须跟上市场发展,最重要的是跟上客户的需求变化。这就需要企业的供应链运营具备实时响应需求的能力,这也要求整个供应链能够如一款软件、一套系统般,更加智能地进行更新迭代。

聚焦于实时响应需求的能力,除了智慧系统的合理应用外,供应链必须充分重视客户反馈,从客户的每一次反馈中挖掘有价值的信息,并将新的功能添加到产品当中或推出新的服务,从而持续赢得用户认可。

(二)如何建立实时响应机制

时至今日,客户评价随处可见。客户不仅会在电商平台评价,也会将之公布到社交圈中。如果这些反馈得不到重视和回应,就会让供应链被贴上"傲慢"和"迟钝"的标签,甚至会引起负面口碑的传播。

因此,在智慧供应链运营中,要在各大社交平台建立实时响应机制。

1. 建立反馈机制

借助官方微博、公众号等平台,为客户提供合适的反馈渠道,并及时给予回应。

2. 形成监测系统

社交监测系统可以实时关注社交平台,用关键词和传播度等指标自动发掘相关评价,并对其进行有效判断和处理。①正面评价,可进行互动、转发,将其当作口碑营销的契机;②负面评价,正面给予解释,如确实自身不足,则给予补偿,避免公关危机;③无效评价,对于缺乏营销价值的正面评价或无实质意义的负面评价,企业则无须关注。

六、供应链可视化

在智能供应链管理中,可视化管理是一个重要概念,是指利用智慧系统让管理者有效掌握企业信息,实现管理上的透明化与可视化。这样,管理效果可以渗透到企业人力资源、供应链、客户管理等各个环节。可视化管理能让企业的流程更加直观,使企业内部的信息变得透明,并能得到更有效传达,从而提升管理效率。

(一)透明化与可视化

在智慧供应链的构建中,透明化与可视化意味着智慧系统可以获取到尽可能多的数据信息,从而深度融入供应链运营管理中。

可视化管理,就是把供应链管理中的诸多问题及对问题的识别、控制、治理及应急处理等各个环节,通过现场拍摄图片、视频等可见有效载体,使其一目了然,增强视觉冲击效果,使现场管理更加直观化、显性化,使企业内部信息可视化,并能得到更有效的传达,从而实现管理透明化的一种现场管理方法。

实行可视化管理能最直观地反映运营状态,提升管理人员工作的规范性,深化落实"在岗、在位、在状态"的工作作风,使图片、视频等可见有效载体起到检查、整改、服务、支持、监督、导向的作用。

(二)可视化管理的作用

可视化管理能对企业在生产过程中各类物品的放置及当前状态进行管理,也能对生产过程的进度状况、品质状况、设备故障等进行管理及预防。通过可视化,任何人都能了解生产运行状态。可视化管理的作用如下。

1. 易于问题明示化

将各种不利因素和异常情况明示化,便于及时调整和修正。

2. 便于相互监督

可视化管理要求实现各种生产作业的公开化,有利于作业人员默契配合、互相监督。

3. 提高工作效率

单纯的文字表达有时会出现歧义,若理解有偏差,则相关人员的工作就会偏离最初目标,而通过可视化使问题一目了然,工作就会直达靶心。

可视化管理带来的透明化能够帮助供应链各方实时查看并管理从客户到供应商的各个产品、服务和信息的流动。

基于透明化与可视化的运营模式,供应链的自我进化也成为可能。在这一过程中,企业必须按照 PDCA 模式实施,建立"计划—检查—整改—落实—改进—计划"的闭合管理模式,在持续不断的革新进化中达到最终目标。

 章节案例讨论 --

苏宁智慧物流体系

苏宁物流通过打造数据生态、技术生态、服务生态、管理生态,从这四个维度构建智慧供应链综合服务能力。在服务生态上,其旨在科学的仓储以及精准的配送。苏宁物流的仓储体系完全按照智慧零售"场景、个性、智能"新逻辑进行布局,科学分仓、仓库共享、中心仓、平行仓、产地仓、门店仓、前置仓,仓储的形式变得很丰富,服务的场景变得更多样,产品离用户可以变得更近。在配送方面,苏宁物流也为消费者提供了惊人的服务,除了"卧龙一号"可以提供无人化配送之外,苏宁物流全资收购天天快递,在融合过程中,天天快递开始全面转型,致力于为客户提供品质化、差异化、全场景的快递服务,强化网络协同和"最后一公里"问题服务能力。在数据生态上,则是以精准预测、多渠道、全链路可视为核心理念,2016 年,苏宁自主研发的 WCS 系统指南针和大数据监控平台"天眼"上线运营,前者标志着苏宁物流研发由软件平台向软硬件结合到硬件智能化的迈进,实现自主化;后者则建立起了物流整个供应链条的监控,可以更好地协助客户管理,提升客户服务体验。苏宁物流还依托以全流程无人化为核心的技术生态、聚焦流程创新与再造的管理生态,共同构成了苏宁服务中国零售业创新发展的关键内核。

苏宁物流在基础设施的持续加码,多场景线上线下网络的融合,意味着苏宁在供应链上游的加入越来越深,凭借苏宁物流周全的网络系统,供应商不仅可以一改过去"养人送货"的传统,降低人力成本与运输成本,同时也可以通过苏宁的积极品牌背书,提升品牌形象。无论是服务的全场景触达,数据的智能化、云端发力,还是技术的无人化、管理的流程创新,苏宁所打造的,实际上是此前从未有过范例的新物种。通过这一新物种的打造,则将直接驱动苏宁物流从服务于苏宁线上线下全渠道,逐渐迈向与上下游合作伙伴的开放协同,将物流能力为供应链赋能,进而为苏宁的智慧零售全面赋能。

资料来源:林海芬,郭珊杉.苏宁物流:冲破传统,领跑智慧[EB/OL].(2019-10-25)[2023-6-12].http://www.cmcc-dlut.cn/Cases/Detail/4076.

思考:苏宁智慧物流体系如何服务于苏宁集团及其供应链?

思考与练习

1.如何理解智慧供应链的含义?

2.举例说明智慧供应链的特征。

3.智慧供应链的构成要素有哪些？

4.举例说明智慧供应链的运营目标。

参考文献

[1] 霍艳芳,齐二石.智慧物流与智慧供应链[M].北京:清华大学出版社,2020.

[2] HWANG H J,SERUGA J. An Intelligent Supply Chain Management System to Enhance Collaboration in Textile Industry[J]. International Journal of u-and e-Service, Science and Technology,2011,4(4):47-62.

[3] 柳荣.新物流与供应链运营管理[M].北京:人民邮电出版社,2020.

[4] SHERVAIS S,SHANNON T T,LENDARIS G G. Intelligent Supply Chain Management Using Adaptive Critic Learning[J]. IEEE Transactions on Systems,Man,and Cybernetics-Part A:Systems and Humans,2003,33(2):235-244.

[5] 张颖川.智能制造下的智慧供应链变革[J].物流技术与应用,2018(4):84-86.

[6] 张宇.智慧物流与供应链[M].北京:电子工业出版社,2016.